LE TENNIS
dans le feu de l'action

LE TENNIS
dans le feu de l'action

Guide illustré de tous les aspects du jeu

Traduit de l'anglais par
JEAN-ROBERT SAUCYER

TOM SADZECK

Modus Vivendi

Paru sous le titre original de
Tennis Skills The Player's Guide

Publié par Les Publications Modus Vivendi
3859, autoroute des Laurentides
Laval (Québec) Canada H7L 3H7

Dépôt légal : 4e trimestre 2001
Bibliothèque nationale du Québec
Bibliothèque nationale du Canada
Bibliothèque nationale de Paris

ISBN : 2-89523-071-4

Conception graphique : Rod Teasdale et Sharanjit Dhol
Directeurs : Andrew Armitage et Laura Price
Photographes : Jamie Squire et Allsport
Traduction française : Jean-Robert Saucyer
Infographie version française : Modus Vivendi

Remarque
L'éditeur considère que tous les énoncés,
renseignements et conseils livrés dans cet ouvrage sont
vrais et exacts. L'auteur, les détenteurs du droit d'auteur
et l'éditeur n'acceptent aucune responsabilité légale
pour faute ou omission.

TABLE DES MATIÈRES

INTRODUCTION

La majorité des amateurs de tennis affirmeront d'emblée que peu de choses égalent la satisfaction de frapper une balle avec puissance et maîtrise. La plupart des lecteurs de cet ouvrage connaissent assurément cette satisfaction pour l'avoir éprouvée à quelques reprises et souhaitent à présent apprendre à exploiter ce sentiment renversant. Hélas ! il ne suffit pas d'agiter une baguette magique ou de lancer à la ronde une pincée de poudre de perlimpinpin. Il faut du temps, de la patience et de la persévérance afin de progresser sur un court de tennis.

La plupart des élèves réussissent à parfaire leur jeu lorsqu'ils ont compris les concepts du tennis. Il faut en brosser un tableau d'ensemble afin d'en bien saisir les nuances. Pour ce faire, il est utile de savoir où mène le jeu, quoi faire pour l'améliorer et à partir de quels critères l'analyser. Chacun doit assumer la responsabilité de devenir son propre entraîneur. Même si vous prenez des leçons particulières auprès d'un entraîneur qualifié, vous devez tabler sur l'information qu'il vous transmet et l'adapter en fonction de votre style et de votre rythme.

Vous devez arrêter votre propre programme d'apprentissage du tennis, lequel devrait prévoir différents volets tels que le conditionnement physique, les mises en situation, le repos et l'entraînement. Sauf que l'entraînement ne suffit pas ; il faut un entraînement précis, qui regroupe les éléments suivants :

• l'acquisition de la technique élémentaire pour retourner les coups ;
• la stratégie ;
• les mises en situation et les shèmes d'exercice ;
• les exercices de jeux de pieds ;
• la perception des forces et faiblesses de l'adversaire ;
• l'entraînement psychologique sous pression ;
• le maintien de la stimulation psychologique durant les nombreuses heures d'entraînement.

Cela peut sembler un obstacle de taille à surmonter mais, armé de conseils judicieux et d'un optimisme à toute épreuve, vous devriez parvenir à améliorer votre jeu.

Cet ouvrage est conçu en fonction d'un tel équilibre. Le premier chapitre livre des renseignements élémentaires sur une variété de coups. Les explications y sont simples et directes et s'adressent tant au débutant qu'au joueur avancé. Des photos de joueurs professionnels illustrent les différentes techniques pour réussir les coups présentés.

Le reste du livre correspond au premier chapitre ; les différentes mises en situation vous permettront de pratiquer les coups selon les enjeux du moment. Ces derniers vous feront vous exercer sous plusieurs angles pour améliorer votre régularité, votre précision, vos mouvements, votre synchronisme, vos schèmes, votre stratégie et votre jeu sous pression.

Au fil de cet ouvrage, il sera souvent question de comparaisons entre le tennis aux échelons professionnel et amateur. Il importe d'établir *a priori* une nette distinction. Deux choses doivent être soulignées. En premier lieu, nous devons observer le jeu des professionnels afin d'améliorer le nôtre en faisant comme eux. J'estime que le meilleur moyen d'apprendre est de regarder ou de visualiser un mouvement impeccable et de tenter ensuite de le reproduire à force de répétition.

En second lieu, il ne faut jamais oublier que les professionnels s'entraînent depuis longtemps en présence d'autres professionnels. Les limites des joueurs amateurs sont plus restreintes quant au temps dont ils disposent et à leurs possibilités athlétiques. Il faut nous placer dans une juste perspective lorsque nous tentons d'imiter Pete Sampras dont le service s'effectue à 190 km/h (120 m/h). Le tennis amateur est bien différent, ainsi que nous le verrons.

PARLONS TENNIS !

Avant d'aborder les exercices et les techniques, il faut nous familiariser avec les mots et les expressions que l'on entend sur les courts. Voici donc un glossaire regroupant les principaux termes propres au tennis.

Accompagnement (ou poursuite) Poursuite et fin du mouvement, une fois la balle frappée pour assurer sa direction et son efficacité.

Allègement Un allègement est une espèce de rebond qui sert à marquer un temps d'arrêt pour déterminer la direction de la balle avant de l'intercepter. On parle également de saut coupé, de double appui ou de cheval.

Amortie Coup après un rebond de la balle destiné à la faire passer juste au-dessus du filet.

As Lorsque le receveur est dans l'impossibilité de toucher la balle envoyée par le serveur, ce dernier réalise un as.

Ascension Coup porté à la balle après qu'elle a rebondi.

Au tour du serveur ! Situation de jeu survenant lorsque le score indique que le serveur a remporté chacun des jeux.

Avantage Lorsque le score indique que le joueur ou l'équipe qui détient l'avantage court la chance de remporter le match en méritant le prochain point.

Avantage au receveur Lorsque le score indique que le joueur ou l'équipe qui reçoit la balle détient l'avantage.

Avantage au serveur Lorsque le score indique que le joueur ou l'équipe qui fait le service détient l'avantage.

Balle de bris d'égalité Situation de jeu alors que le receveur court la chance de remporter le match s'il marque le point.

Bris d'égalité Type de jeu que l'on adopte lorsque la marque est de 6-6, jumelé à un comptage des points qui lui est propre.

Carré de service Désigne tous les carrés formés par les lignes adjacentes au filet, délimités par la ligne de fond, la ligne médiane et les lignes de double.

Couloir Zone du court située entre la ligne de double et la ligne de simple.

Coup coupé (ou slicé) Coup qui imprime à la balle une rotation latérale de haut en bas ; on parle également de «coup slicé», bien que celui-ci imprime à la balle une rotation à la fois latérale et arrière. Une balle slicée tourne donc vers l'arrière.

Coup d'approche Coup au sol joué au demi-court après un bref rebond de la balle, à la suite de quoi le joueur décide de monter au filet.

Coup de fond Coup après rebond, en général joué près de la ligne de fond.

Coup risqué Coup exécuté alors que la balle a peu de chances d'atterrir sur le court.

Coup sans risque Coup exécuté alors que la balle a toutes les chances d'atterrir en zone sûre.

Demi-court droit Côté du court où s'effectue le service lorsque le score est à égalité.

Demi-volée Coup porté immédiatement après le rebond de la balle.

Effet accéléré Se dit lorsqu'une balle se déplace dans les airs en rotation sur elle-même. On parle parfois d'effet rétro.

Élan arrière Séquence initiale de tout mouvement par laquelle on imprime à la raquette un élan vers l'arrière afin de préparer l'élan avant.

Élan arrière droit Type d'élan arrière pour lequel on ramène la raquette droit derrière soi, dans un geste préparant l'élan avant.

Élan arrière en demi-cercle Type d'élan arrière pour lequel la tête de la raquette se retrouve en hauteur, puis effectue une boucle sous la balle, avant que le coup soit porté.

Effet coupé Effet imprimé à la balle, qui entraîne une rotation vers l'arrière et lui permet de parcourir une grande distance ; parfois dit « effet slicé », ce dernier crée cependant une courbe dans la trajectoire de la balle.

Égalité (ou à deux) Situation dans laquelle chacun des joueurs (ou chacune des équipes) a marqué trois points. Ils doivent tenter de rompre l'égalité.

Faire des balles Échanger des balles au-dessus du filet.

Handicap 0 Point à partir duquel on compte ou on déduit les points.

Jeu Chaque division d'une manche qui prend fin lorsqu'un joueur (ou une équipe) a accumulé quatre points. Une série de jeux constitue une manche ; les manches composent un match.

Jeu service-volée Stratégie employée par un joueur qui fait le service et monte immédiatement au filet.

Lancer Le joueur lance la balle dans les airs afin de la servir à son adversaire.

Ligne de double Ligne de côté sur la face extérieure de chacun des couloirs d'un court.

Ligne de fond Ligne arrière d'un court qui joint les deux lignes de double.

Ligne de service Ligne traversant le centre du court entre les lignes de simple.

Lignes de simple À l'intérieur du court, lignes parallèles aux lignes de double avec lesquelles elles délimitent les couloirs.

Lob Coup qui envoie la balle en hauteur.

Manche Série de jeux. Celui qui gagne six jeux remporte la manche, pour peu qu'il ait une avance de deux jeux sur son adversaire. Si les adversaires sont à 6-6, un bris d'égalité s'impose. Celui qui atteint sept points gagne la manche, à condition qu'il ait deux points d'avance.

Marque centrale Petite marque qui s'inscrit dans le prolongement de la ligne médiane de service et qui divise la ligne de fond en deux parties égales.

Marquer sans avantage Manière de compter les points lorsque les adversaires sont à égalité et que le prochain point décidera du gagnant.

Match Élément du comptage des points après que l'on a fini de jouer. D'ordinaire, il s'agit de remporter deux sets de trois. Toutefois, aux tournois du Grand Chelem tels que les Internationaux de France ou le tournoi de Wimbledon, c'est le meilleur de cinq sets.

Oscillation Lorsqu'un joueur frappe la balle de façon excessive, jusqu'à en perdre l'équilibre.

Plat Ce terme a deux significations : (a) Balle qui se déplace en droite ligne avec peu de courbe ou de rotation ; (b) Se dit lorsque l'angle du tamis est perpendiculaire au sol.

Poignée Partie de la raquette qui sert à assurer la prise.

Point de contact Le moment exact où la raquette et la balle se rencontrent.

Position d'attente Se dit de la position que prend un joueur lorsqu'il attend la balle de son adversaire.

Position de volée Position du corps lorsqu'on s'apprête à exécuter une volée (renvoie parfois à l'emplacement à proximité du filet).

Position du corps ouverte Position du corps au moment de frapper, de sorte que les pieds et les hanches font face au filet.

Position fermée Se dit lorsque la surface de la raquette est légèrement inclinée vers le sol.

Position ouverte Se dit lorsque la surface de la raquette est légèrement inclinée vers le haut.

Position parallèle Position du corps au moment de frapper la balle, alors que les pieds et les hanches sont tournés en direction du côté du court.

Prise Manière de saisir la poignée au moment de la visée et durant l'exécution des mouvements.

Prise continentale Manière de saisir la raquette pour exécuter différents coups, notamment un service. On parle aussi de prise marteau.

Prise de revers extrême Manière de saisir la raquette pour exécuter un revers à effet accéléré.

Prise eastern de coup droit Manière de saisir la raquette pour exécuter différents coups droits. On parle également de prise poignée de main.

Prise eastern de revers Manière de saisir la raquette pour exécuter différents coups de revers.

Prise marteau Manière de saisir la raquette pour exécuter certains coups, notamment une volée. On parle également de prise continentale.

Prise semi-western Manière de saisir la raquette pour les effets brossés et les coups de fond.

Prise western Manière de saisir la raquette pour exécuter un coup droit brossé.

Raquette à cadre surdimensionné Tout modèle excédant la longueur standard (68,5 cm [27 po]).

Ruban de recouvrement Adhésif ayant des propriétés absorbantes employé pour couvrir la poignée de la raquette afin qu'elle ne glisse pas des mains.

Saut coupé Désigne le rebond qu'effectue un joueur pour marquer un temps d'arrêt alors que son adversaire touche la balle. On parle également d'allègement, de double appui ou de cheval.

Service Coup d'envoi marquant le début d'un jeu et qui doit atterrir dans le carré de service de l'adversaire.

Smash Coup puissant exécuté au-dessus de la tête après un balancement et une poursuite de mouvement. Le smash répond souvent à un lob de l'adversaire.

Tamis Partie de la raquette constituée par les cordes.

Tête Partie de la raquette comprenant le tamis et le cadre qui le borde.

Toucher Coup pour lequel on doit établir un léger contact entre la raquette et la balle.

Trajectoire de l'élan Se dit de la direction que prend un élan avant.

Vitesse de l'élan Se dit de l'accélération de la raquette en mouvement avant.

Volée Coup qui consiste à frapper la balle avant un rebond (d'ordinaire à proximité du filet).

Volée amortie Coup précédant un rebond de la balle destiné à la faire passer juste au-dessus du filet.

Volée bloquée Type de volée par laquelle le joueur bloque la trajectoire de la balle qui s'approche de son corps.

Volée d'approche Coup exécuté au demi-court avant que la balle rebondisse, qui permet au joueur de monter au filet.

Zone de l'avantage Le côté du court où a lieu le service lorsque le score indique que l'une des parties détient un avantage.

Zone d'impact ou sweetspot Partie centrale du tamis d'une raquette.

NOTIONS ÉLÉMENTAIRES

En écrivant ce livre, nous tenons pour acquis que la plupart des lecteurs ont une expérience suffisante du tennis et qu'il n'est donc pas nécessaire de leur livrer une foule de renseignements préliminaires. Toutefois, le sens commun dicte d'aborder quelques-unes des notions élémentaires du tennis quel que soit le calibre du joueur, notamment les conseils relatifs à l'échauffement et à l'étirement, ainsi qu'au choix de son équipement. Tous les joueurs ont intérêt à connaître ces choses, ne serait-ce que pour éviter les blessures et pour apprécier les joies de ce sport pendant de longues années.

Il est très important de s'échauffer avant de pratiquer une activité physique afin d'augmenter peu à peu sa fréquence cardiaque et de favoriser une bonne circulation sanguine. Il faut également s'échauffer avant de s'étirer. Souvent les joueurs se blessent parce qu'ils ont trop étiré un muscle froid. Une bonne séance d'échauffement consiste en cinq à sept minutes d'activité telle que le jogging, le saut avec écart ou le saut à la corde.

Commencez en douceur sur un mode détendu. D'ordinaire, je demande aux joueurs de faire des balles depuis la ligne de service afin de préparer les mouvements et les coups qu'ils exécuteront à partir de la ligne de fond. Il s'agit d'un exercice d'échauffement suffisant, pour peu que l'on se souvienne qu'il vise seulement à se délier les muscles. À ce stade, on se démène

Étirement du muscle du mollet
Posez les mains sur le filet devant vous et étirez une jambe derrière. Transférez peu à peu votre poids sur le talon, jusqu'à éprouver l'étirement de la face postérieure de la jambe tendue. Faites l'étirement à deux reprises et changez de jambe.

Étirement du quadriceps
Le dos au filet, posez les deux mains sur la bordure, fléchissez un genou et ramenez le pied vers le postérieur. Appuyez le pied contre le filet et sentez l'étirement de la face antérieure de la cuisse. Tenez la position pendant dix secondes, refaites l'étirement et changez de jambe.

Étirement des ischio-jambiers
Posez un talon contre le filet ou contre le dossier d'un banc. Étirez peu à peu votre jambe en conservant un léger fléchissement du genou. Détendez-vous, penchez-vous vers l'avant et essayez de saisir vos chevilles ou vos orteils. Sentez l'étirement de la face antérieure de la cuisse. Tenez la position pendant dix secondes et étirez l'autre jambe.

Étirement du dos
Étirez un bras jusqu'à toucher l'omoplate opposée ou pour presser votre raquette sur votre estomac. Effectuez une lente torsion d'un côté et de l'autre et augmentez peu à peu la portée du mouvement. Inspirez et expirez profondément à la fin de chaque torsion. Refaites l'exercice jusqu'à ce que les vertèbres lombaires soient bien déliées.

jusqu'à suer un peu. Après avoir échangé des balles depuis la ligne de service pendant quelques minutes, on exécute une série d'étirements avant de poursuivre l'échauffement à la ligne de fond.

Les étirements peuvent vous éviter des blessures subséquentes car ils allongent peu à peu les muscles avant de vous lancer dans le feu de l'action. Soyez détendus et inspirez, puis expirez profondément lorsque vous étirez un muscle. Appuyez-vous à un poteau du filet ou à un banc pour assurer votre équilibre. Maintenez la position pendant quelque dix secondes. N'oubliez pas de vous étirer de nouveau après une séance d'entraînement ou une partie. Cette précaution est importante car les muscles se contractent lorsqu'ils sont fatigués et lorsque la température de l'air et du corps refroidit rapidement.

Tous ont intérêt à ajouter quelques exercices à leur entraînement pour favoriser la force et l'endurance musculaires. De plus, n'oubliez pas de boire beaucoup afin de conserver votre hydratation, en particulier lorsqu'il fait chaud et humide. La déshydratation peut entraîner des crampes musculaires et de la fatigue. En cas de blessure ou de douleur chronique, soignez-vous et prenez le temps de vous reposer comme il se doit. Si une douleur persiste, consultez un médecin spécialiste des accidents du sport.

Étirement des épaules et des lombaires
Portez une épaule à votre tête et, de l'autre main, ramenez le bras doucement vers l'arrière. Cet étirement déliera l'attache inférieure de l'épaule. Ensuite, fléchissez le tronc en direction opposée afin d'étirer la face latérale de votre dos. Inspirez pour apporter de l'oxygène à cette région dorsale pendant que vous l'étirez. Étirez-vous deux fois de chaque côté.

Étirement des épaules et de la région supérieure du dos
Portez le coude devant votre torse et tenez-le de l'autre main afin d'étirer la face extérieure de l'épaule et le haut du dos. Tenez la position pendant dix secondes. Étirez-vous deux fois de chaque côté.

Étirement des poignets et des avant-bras
L'épicondylite (ou tennis-elbow) est la plus répandue des affections dont souffrent les joueurs de tennis. Elle survient pour plusieurs raisons, notamment un surentraînement, une mauvaise technique, la faiblesse des muscles du poignet ou de l'avant-bras ou encore l'association de quelques-unes de ces causes. Il est donc très important de bien étirer cette région du bras. Allongez le plus possible le bras, saisissez la main et ramenez-la vers le sol. Ce mouvement étire les muscles de la face supérieure de l'avant-bras. Ensuite, toujours avec l'autre main, ramenez les doigts vers le haut, paume devant. Vous sentirez l'étirement de la face antérieure de l'avant-bras. Il faut faire cet exercice à trois reprises au cours d'une journée lorsqu'on joue régulièrement au tennis. Bien sûr, on tire ainsi les deux avant-bras.

L'ÉQUIPEMENT

Le choix de l'équipement importe autant que l'échauffement avant une partie. J'ai connu des joueurs qui avaient mal choisi leur modèle de raquette et qui se sont retrouvés avec une épicondylite quelques semaines ou quelques mois plus tard. Certains joueurs chaussés de vieilles godasses usées se plaignent de douleurs aux pieds ou aux genoux.

Si vous avez l'intention de pratiquer le tennis au cours des prochaines années, il faut vous protéger des blessures éventuelles en choisissant des chaussures et des raquettes de bonne qualité. Vous devrez pour cela débourser davantage mais il s'agit d'un investissement qui vous profitera.

La plupart des raquettes standard pour adultes font 68,5 cm (27 po) de longueur. Depuis quelque temps on trouve toutefois sur le marché des raquettes à cadre surdimensionné, dont la longueur varie entre 69,75 et 72,25 cm (27 1/2 et 28 1/2 po). L'avantage le plus évident d'une telle raquette tient à sa plus grande portée au cours du service ou d'une volée.

La dimension de la tête de la raquette varie également. Elle fait en général 237,5 cm^2 (95 po^2)

pour une raquette à tamis moyen, 250 cm^2 (100 po^2) pour une raquette à tamis moyen agrandi (dit midplus) et 275 cm^2 (110 po^2)pour une raquette à grand tamis. Les dimensions exactes peuvent varier quelque peu. L'avantage d'une raquette dont la tête est plus grande tient à ce que la zone d'impact a plus d'ampleur ; par contre, elle a le désavantage d'être plus difficile à manier lorsqu'il faut réagir rapidement. La majorité des professionnels emploient une raquette de plus petite dimension, alors que la plupart des tennismen du dimanche utilisent des raquettes à cadre surdimensionné.

L'épaisseur de la raquette a aussi son importance. En général plus une raquette est épaisse, moins son tamis est flexible au moment de l'impact. Une balle rebondit plus vite sur un tamis plus tendu. Un joueur dont l'élan a une longue trajectoire ou est rapide devrait choisir une raquette dont le cadre est plus mince. Bien sûr, l'épaisseur du cadre détermine le poids de la raquette.

De récentes percées dans l'élaboration des matériaux servant à fabriquer les raquettes de tennis permettent d'en fabriquer qui sont plus légères et

plus résistantes que jamais. Il y a cependant un hic. De nombreux joueurs se procurent une raquette en raison de sa légèreté et de la facilité avec laquelle, croient-ils, ils la manieront. Toutefois, ces mêmes joueurs ont plus de mal à contrôler leurs coups. Peu importe, par exemple, la vitesse avec laquelle vous pouvez lancer un crayon, il ne pourra jamais arrêter un train en marche. Enfin, je pense que vous saisissez ma pensée…

La taille de la poignée n'importe pas moins. La plupart des poignées font entre 11,25 et 11,875 cm (4 1/4 et 4 3/4 po). Afin de déterminer la taille de la poignée qu'il vous faut, il suffit de fermer votre main autour. Vous devez être en mesure de placer l'index entre le pouce et le majeur et l'annulaire. Il est préférable que la poignée soit plus grosse que petite. Cependant, vous pouvez grossir le volume de la poignée en y enroulant du ruban de recouvrement mais vous ne pouvez le diminuer.

Votre jeu et les réactions de la balle reposent en grande partie sur le tamis. La plupart des professionnels choisissent un tamis dont le cordage est fait de boyaux naturels, lequel est onéreux. Les joueurs amateurs peuvent choisir à partir d'un vaste assortiment de boyaux synthétiques de bonne qualité qui coûtent relativement peu. Un cordage multifilament s'avère le choix indiqué pour la plupart des joueurs parce qu'il est plus souple au contact et qu'il exerce moins de pression sur le bras. En général, la tension du tamis oscille entre 27,5 et 32,5 kg (55 et 65 lb), selon les recommandations du fabricant. Plus le tamis est serré, plus on exerce de contrôle ; plus le tamis est lâche, plus la raquette sera puissante. Si vous éprouvez une douleur au bras, vous devriez relâcher la tension du tamis. Si très souvent vous ne contrôlez pas vos coups, resserrez un peu sa tension. Le contrôle que vous exercerez sur la balle est également fonction de l'épaisseur des cordes. La plupart des joueurs emploient des cordes au diamètre de 16 ; toutefois, des cordes plus fines, au calibre de 17 ou de 18, pénétreront ou mordront dans la balle, ajoutant ainsi au contrôle exercé sur elle. Des cordes plus fines ont un seul désavantage : elles risquent de se rompre ou de s'user plus rapidement.

La somme de ces renseignements devrait vous permettre de décider du type de raquette qui convient à un joueur de votre calibre et à votre style de jeu. Une raquette n'est pas nécessairement meilleure qu'une autre. S'il en était ainsi, tous s'en serviraient.

Le meilleur conseil que je peux donner à quelqu'un qui souhaite changer de raquette serait d'en essayer cinq ou six afin de les comparer. Chacun a son idée là-dessus. Nombre de détaillants nous permettent de faire l'essai de plusieurs raquettes avant d'en acheter une. L'autre conseil que je vous donne est de vous procurer un équipement de bonne qualité. Qu'il s'agisse de raquettes, de chaussures ou de filtres solaires, la qualité des produits décidera du plaisir ou du déplaisir que vous connaîtrez sur le court et après le match.

LES DIFFÉRENTES PRISES

Il existe plusieurs manières de tenir une raquette de tennis. Il faut bien les connaître afin de comprendre comment chacune peut mieux vous servir.

Pour l'essentiel, la prise détermine l'angle que formera le tamis au point de contact avec la balle. Mais la position du poignet y est également pour quelque chose. Toutefois, adopter la prise indiquée en telle situation ajoutera au confort du poignet et à la stabilité de la position au point de contact. Ainsi, la balle aura un meilleur contact avec la zone d'impact de la raquette. Il s'agit d'un élément primordial à maîtriser si l'on veut frapper la balle correctement.

Prise eastern de coup droit

ci-dessous Les faces de la poignée d'une raquette

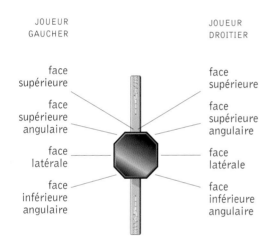

JOUEUR GAUCHER

face supérieure

face supérieure angulaire

face latérale

face inférieure angulaire

JOUEUR DROITIER

face supérieure

face supérieure angulaire

face latérale

face inférieure angulaire

ci-dessous Le talon de la main, à l'opposé du pouce

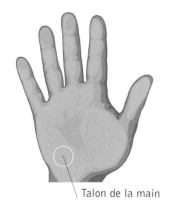

Talon de la main

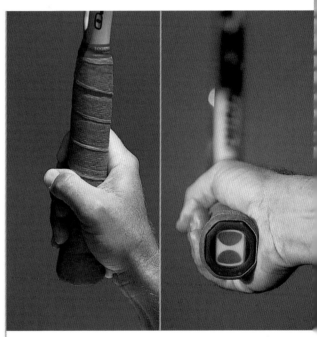

La prise eastern de coup droit est celle qu'emploient le plus souvent les joueurs amateurs. Ainsi, le talon de la main s'appuie directement sur la face latérale de la poignée. On l'appelle également la prise poignée de main. La tête de la raquette devient pour ainsi dire le prolongement du bras, car le tamis se trouve dans le même angle que la paume de la main. Cette prise s'avère efficace pour les coups droits avec ou sans rotation du dessus vers le dessous. Plusieurs amateurs se familiarisent avec cette prise et l'emploient ensuite pour exécuter d'autres coups. Facile à employer pour un service ou une volée de coup droit, elle n'est toutefois pas aussi efficace que les prises propres à ces mouvements. Les joueurs professionnels modifient leurs prises en fonction des services, des volées et des autres coups qu'ils veulent donner à la balle.

Il sera ici question des différentes prises, de la tenue de la raquette et de la sensation qu'elle doit inspirer. Il faut savoir d'instinct que l'on tient bien la raquette car on ne peut interrompre le déroulement d'une partie pour décider de la prise qui convient au prochain coup. Au fil de l'ouvrage, nous vous renverrons à cette section sur les différentes prises afin que vous sachiez laquelle est indiquée pour tel coup et, inversement, lesquelles sont déconseillées pour un coup particulier.

La meilleure manière de déterminer si l'on tient bien sa raquette est d'établir une correspondance entre la paume de la main et les différentes faces de la poignée. Plus précisément, le talon de la main du côté opposé au pouce sert à déterminer de façon tactile l'endroit où la main doit saisir la poignée du manche de la raquette.

Pour bien jouer au tennis, il faut connaître les différentes prises et savoir quand y recourir. Si vous ne tenez pas bien la raquette, votre corps ne saura

Prise western de coup droit

Prise eastern de revers

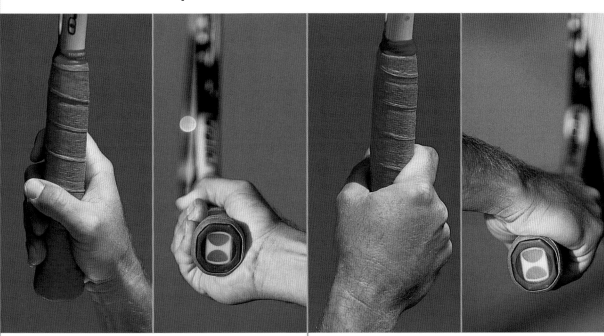

Les prises semi-western et western de coup droit sont employées par les meilleurs cadets juniors et les professionnels. Semblables, elles supposent que l'on tienne la poignée plus près de son talon. Le talon de la main est parallèle à la face inférieure angulaire. Cette position « ferme » la surface de la raquette ou la tourne davantage vers le sol. On parle d'ouverture lorsque le tamis est tourné vers le ciel. Une raquette est dite à plat lorsqu'elle est perpendiculaire au sol. Balancer la raquette en position fermée peut imprimer une bonne rotation du dessus vers le dessous à la balle. Les prises western et semi-western sont efficaces seulement pour les effets brossés et les coups de fond. Pour la prise western, on saisit la poignée un peu plus bas que pour la prise semi-western.

Il y a deux prises pour le coup de revers. On distingue rarement l'une de l'autre, mais elles sont bien différentes. La première prise de revers est dite eastern et elle favorise les revers coupés. Pour l'exécuter, on pose le talon de la main sur la face supérieure de la poignée, ce qui crée une légère ouverture du tamis au moment du contact avec la balle.

pas frapper la balle correctement et vous pourriez vous froisser un muscle. Il importe également que votre main non dominante soit posée sur la raquette après chaque coup, alors que vous retrouvez la position de départ. La main non dominante vous aidera à modifier votre prise, en faisant tourner la raquette dans un mouvement préparatoire à l'élan.

Il faut également décider de la prise à adopter en position de départ. À la ligne de fond, vous devriez adopter la prise que vous emploierez le plus souvent pour vos coups droits, car après un service vous frapperez davantage de coups droits que de revers. Si la balle arrive droit sur vous à la ligne de fond, vous devriez vous déplacer de côté afin de lui donner un coup droit. Au filet, vous devriez adopter la prise continentale, laquelle vous permettra d'exécuter une rapide volée si la balle s'approche de vous à grande vitesse.

Prêtez attention aux prises que vous employez pour exécuter chacun de vos coups. Exercez-vous à modifier vos prises en fonction du coup à venir et cherchez à reconnaître les différentes prises de façon tactile, sans regarder comment vous tenez la raquette. Lorsque vous comprendrez les subtilités des différentes prises, votre jeu se trouvera nettement amélioré.

Prise de revers extrême

Prise continentale (ou prise marteau)

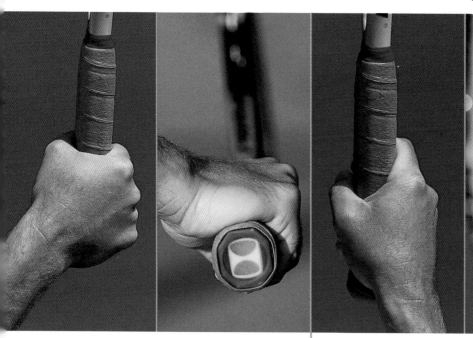

L'autre prise de revers s'emploie surtout pour les revers brossés. On l'appelle la prise de revers extrême. Le talon de la main est quelque peu décalé par rapport à la face supérieure de la poignée et toute la main entoure la poignée à sa base. Les jointures du poing sont parallèles aux cordes du tamis. Les muscles du poignet et de l'avant-bras sont ici sollicités pour apporter un soutien au point de contact de l'élan.

à gauche : L'Espagnol Sergei Bruguera décoche un coup droit à l'aide d'une prise western.

La dernière prise est dite continentale ou marteau. Je préfère employer cette dernière expression car elle décrit mieux la manière de tenir la raquette, c.-à-d. comme on le ferait d'un marteau. Le talon de la main est posé à l'extrémité de la poignée, là où la face supérieure touche la face angulaire. Vous apprendrez à reconnaître le renflement qui encercle le talon de la poignée. Cette prise est utile à plusieurs coups mais surtout aux services, aux volées, aux lobs, aux smashs par-dessus la tête et aux amorties. Quelques joueurs tirent avantage de cette prise quel que soit le coup. Elle n'apporte pas de bons résultats dans les coups de fond rebondissant très haut, à moins que l'on tente un coup coupé.

CHAPITRE UN

L'APPRENTISSAGE DES DIFFÉRENTS COUPS

Lorsqu'on pratique un sport, la maîtrise de la technique élémentaire s'impose si l'on veut s'y adonner avec plaisir et y réussir. Le tennis ne fait pas exception à la règle. Ce chapitre livre l'information nécessaire à l'apprentissage des techniques élémentaires afin d'acquérir la maîtrise de la raquette.

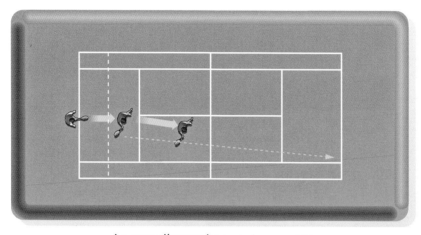

Le coup d'approche (voir la page 48)

Afin de frapper efficacement une balle de tennis, le corps doit être placé correctement par rapport à la balle au moment de l'impact. Autrement dit, il faut se trouver au bon endroit, en position indiquée, au moment d'engager l'élan. Un élan impeccable ne sera d'aucune utilité s'il n'est pas amorcé en fonction de la trajectoire de la balle. Pour ce chapitre, précisons que les descriptions livrées en vue d'améliorer votre technique sont fondées sur la prémisse que le joueur se trouve à l'endroit opportun.

Par contre, une position impeccable serait vaine si l'élan ne convenait pas. Chacun des principes énoncés ici va de pair avec les autres. En conséquence, le premier chapitre traitera de quelques-uns des concepts élémentaires qu'il faut connaître afin de maîtriser l'élan et la frappe préalables à une diversité de coups. Nous aborderons les jeux de pieds et les exercices d'entraînement dans un chapitre subséquent.

Afin d'améliorer votre adresse relative aux frappes et aux coups, vous auriez intérêt à vous exercer devant un lance-balles. Cette machine projette des balles dans la direction voulue, à intervalles prédéterminés, de sorte que l'on peut arriver à avoir un élan précis, voire à le perfectionner. Si vous ne disposez pas d'un lance-balles, demandez à votre entraîneur ou à un partenaire de vous lancer des balles depuis un même endroit. La séquence répétitive vous habituera au rythme et améliorera votre synchronisme.

LES COUPS AU SOL

L'adresse d'un joueur de tennis repose sur ses coups au sol. On dénombre de nombreuses manières de frapper une balle de tennis, multipliées en fonction des rotations et de la vitesse. Cette section porte sur les éléments de base de quatre coups : le coup droit brossé, le revers à deux mains, le revers lifté à une main et le revers slicé à une main.

1   **2**   **3**   **4**

On se prépare à l'élan depuis la position de départ (1) en faisant une rotation des épaules et en tenant la raquette bien haut (2).

Une telle préparation est trompeuse parce qu'il faut ramener la tête de la raquette au-dessous du point de contact afin de « racler » l'air pour imprimer un lift à la balle (3 et 4). Le mouvement doit s'amorcer en tenant la raquette à la bonne hauteur parce qu'il faut prendre un élan arrière en forme de boucle si l'on veut générer une accélération suffisante pour faire tournoyer la balle. Si vous tentez de brosser la balle pour la première fois, laissez tomber l'élan arrière bouclé jusqu'à ce que vous maîtrisiez mieux le tournoiement de la balle.

ci-dessus Le poignet reste en position fixe quelque peu courbé vers l'arrière ; ainsi, le point de contact se situera devant la hanche.

LE COUP DROIT

Le premier coup au sol dont nous parlerons est le coup droit. Il s'agit habituellement du coup le plus puissant qu'un joueur peut donner. Les joueurs actuels frappent la balle beaucoup plus durement qu'autrefois en raison du développement technologique propre à la fabrication des raquettes. Donc, les matières de pointe dont sont fabriquées les raquettes, plus le fait que les parties sont disputées sur des surfaces dures ou de terre battue, font en sorte que la plupart des joueurs frappent des coups au sol qui impriment à la balle une rotation avant. Ce tournoiement de la balle favorise son contrôle parce qu'on peut la propulser plus haut par-dessus le filet sans risquer qu'elle atterrisse à l'extérieur du court, en raison de la plongée provoquée par le lift. Un tel tournoiement de la balle entraîne un coup soudain après un rebond sur de telles surfaces.

Il faut adopter la prise semi-western afin de toucher la balle en altitude pour lui imprimer un tournoiement. En adoptant cette prise, on rabat la surface de la raquette sur le dessus de la balle au moment du contact. On peut également imprimer une rotation avant à la balle à l'aide d'une prise eastern de coup droit, mais rabattre la raquette sur la balle à l'aide d'une prise western ou semi-western procure plus de liberté au poignet et à l'avant-bras, ce qui permet une plus vive accélération de la tête de la raquette.

5   **6**   **7**   **8**

Le point de contact est plus élevé et on racle l'air avec le tamis alors que l'on entraîne la balle vers le haut (5 et 6). Remarquez le point de contact vers l'avant alors que le poignet est fléchi, de même que l'ouverture du mouvement. Cela favorise une accélération rapide à l'aide des hanches, et des mouvements plus rapides en direction de la balle et pendant le replacement.

à droite Le poignet conserve sa fermeté alors que l'avant-bras effectue une rotation de 180 degrés. Cette rotation de l'avant-bras propulse plus vite la tête de la raquette vers le haut, par-dessus la balle et parallèlement à elle.

Avec sa poursuite de mouvement vers le côté, l'élan se déploie à la manière d'un essuie-glace (7 et 8) et le coude se retrouve devant le menton.

LE REVERS À DEUX MAINS

Il y a trois manières de frapper un revers à deux mains. S'il emploie une main pour déployer l'élan, le joueur imprimera à la balle soit un coup lifté, soit un coup slicé. S'il dégage un revers à deux mains, c'est souvent un coup lifté qui est imprimé à la balle. Il est inhabituel de tenter un coup lifté à l'aide des deux mains, d'autant plus qu'il est très difficile d'y parvenir. Les discussions vont bon train, à savoir s'il est préférable d'utiliser ici une main ou les deux. Les joueurs qui exécutent un revers à deux mains ont en général un retour de service plus puissant. Toutefois, les joueurs qui effectuent un revers à deux mains ont souvent plus de difficulté à exécuter une volée de revers car ils ont l'habitude de tenir la raquette à deux mains.

La première chose qu'il faut savoir à propos du revers à deux mains, c'est que vous utiliserez votre bras non dominant (le bras gauche si vous êtes droitier), lequel fera presque tout le travail. Songez à exécuter un coup droit brossé à l'aide de votre main

1   **2**   **3**

La plupart des novices n'ont aucune difficulté à choisir la prise qui convient pour frapper un revers à deux mains. En étudiant la séquence des photos, vous verrez que ce joueur est passé sans tarder de la position de départ à la rotation des épaules, puis à l'élan arrière (1 et 2). Remarquez également que, dans cette position, ses genoux sont fléchis et que son tronc décrit une spirale entre les hanches et les épaules.

On amorce l'élan en faisant un petit pas devant, ou en transférant son poids, alors que la tête de la raquette est dirigée sous le point de contact (3). N'oubliez pas qu'au moment d'amorcer l'élan du coup droit brossé, le tamis doit racler la surface de la balle de bas en haut afin de la soulever légèrement et de lui imprimer un effet rétro.

> ▲ **COUP DE MAÎTRE** ▲
> Les jeunes et les adultes débutants réussiront bien le revers à deux mains parce qu'il est plus facile d'insuffler de la force à l'élan préparatoire quand on se sert de ses deux mains et que la tenue à l'aide des deux mains contribue à stabiliser le tamis de la raquette devant un coup décentré.

ci-dessus
Prise de revers de la main droite.

non dominante et posez votre main dominante au bas de la raquette afin de la contrôler. La main non dominante devrait tenir la raquette à l'aide d'une prise eastern de coup droit. La main dominante, qui se trouve au bas de la raquette, peut la tenir selon le bon plaisir du joueur. En général, on emploie la prise marteau (voir la page 15).

4   **5**   **6**

On établit le contact (4) à la hauteur des hanches. Les bras sont allongés mais les coudes sont fléchis. Remarquez que les jambes se redressent à mesure que l'élan progresse vers son aboutissement. Cette posture établit un bon équilibre pendant l'élan et favorise la trajectoire qui s'inscrit de bas en haut.

La prolongation du contact amène la raquette au-dessus de la balle et légèrement de travers par rapport à elle (5), d'où l'avantage de tenir la raquette des deux mains (4). L'utilisation des deux mains vous permettra de faire un meilleur usage des poignets lorsque vous essaierez de racler la balle. Ce mouvement pourra tromper l'adversaire car un brusque revers des poignets peut modifier la trajectoire de la balle.

La poursuite et la fin du geste doivent ramener la raquette derrière la tête, alors que le torse est face au filet.

▲ **COUP DE MAÎTRE** ▲

Un revers des deux mains ne permet pas toujours de toucher la balle, notamment lorsque le coup est trop long à partir de la ligne de fond ou lorsqu'il est trop bas et qu'il ne parvient pas jusqu'à vous. Idéalement, il faudrait maîtriser les trois types de revers, sauf qu'ils sont très différents et que la plupart des joueurs fixent leur choix sur l'un ou l'autre.

Je vous conseille de vous exercer à chacun des revers pour déterminer lesquels conviennent le mieux à votre style et à votre maîtrise du jeu.

LE REVERS À UNE MAIN

Le revers à une main s'inscrit dans une trajectoire semblable à celle de son équivalent à deux mains, c.-à-d. du bas vers le haut, sauf que, comme son nom l'indique, on l'exécute d'une seule main. La plupart des joueurs amateurs éprouvent de la difficulté à l'exécuter car il exige la perfection en ce qui a trait à la position et au synchronisme, de même qu'une force du poignet et de l'avant-bras capable de générer suffisamment de vitesse pour imprimer à la balle une forte rotation. Néanmoins, le revers à une main peut s'avérer efficace même si la rotation est moindre.

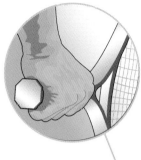

1   **2**   **3**   **4**

Pour exécuter un revers à une main, on tient la raquette à la hauteur du torse et on tourne le tronc supérieur (1 et 2). Il faut effectuer un changement de position très important au moment où, de la position de départ, on effectue une torsion pour amorcer l'élan arrière : la main doit alors saisir la raquette d'une prise de revers (d'où son nom). Ainsi, la main couvre la poignée de la raquette et les phalanges sont parallèles au tamis (voir la photo 5 et les différentes prises à la page 14). La main non dominante fait pivoter la raquette alors que l'on modifie la prise. Ce changement est utile car le poignet est en position ferme mais confortable au point de contact, alors que la raquette est dirigée droit dans les airs puis vers le sol.

Voyez dans la séquence ci-dessus que la tête de la raquette a été ramenée très bas et que les genoux sont légèrement fléchis (3 et 4). Le joueur s'avance vers le filet afin de gagner de la force grâce au transfert de son poids. Une grande partie de la force déployée pour frapper la balle provient du déploiement des épaules.

▲ COUP DE MAÎTRE ▲

Les amateurs ont plus de chances de réussir ce coup s'ils se tournent et s'ils tiennent la raquette plus bas pour exécuter l'élan arrière. N'oubliez pas que la tête de la raquette doit se trouver sous le point de contact et que la préparation de ce genre de revers exige plus de temps que celle de n'importe quel coup exécuté à la ligne de fond. Vous épargnerez du temps si vous baissez la tête de la raquette dès le départ. De plus, il importe de saisir le cœur de la raquette de votre main non dominante jusqu'à ce qu'elle ait amorcé l'élan avant. La main non dominante sert à stabiliser la raquette au cours de l'élan arrière. Il est très difficile d'envoyer sa raquette vers l'arrière en un élan préparatoire pour vite la propulser vers l'avant à l'aide d'une seule main.

5   **6**   **7**

Lorsque le contact est établi (5), le poids, qui a été transféré des pieds vers les hanches, l'est enfin vers les épaules. Ce contact se produit environ à la hauteur des hanches alors que la balle se trouve à bonne distance devant soi. Le bras qui tient la raquette s'allonge mais on conserve une légère flexion du coude. Une faute survient souvent après que le contact est établi et que l'on engage trop avant la rotation des épaules. Cette position éloigne trop tôt le tamis du point de contact et de nombreuses erreurs s'ensuivent.

Aussitôt la balle frappée, la fin du geste amène la raquette en hauteur vers l'avant, alors que la poitrine reste sur le côté (6 et 7). On constate sur ces photos que la poursuite et la fin du mouvement diffèrent de celles du revers à deux mains.

REVERS COUPÉ (OU SLICÉ)

Le revers coupé à une main est d'une facilité relative, ce qui peut expliquer pourquoi on l'exécute fréquemment. On tente ici d'imprimer un effet arrière ou coupé à la balle. Pour l'essentiel, effet arrière, coupé ou slicé ont à peu près la même signification. D'ordinaire, on n'emploie pas ce revers pour une offensive. Cependant, une bonne position au moment du coup et le contrôle du tournoiement de la balle donneront du fil à retordre à l'adversaire.

Lorsqu'une balle bondit avec un effet arrière, soit elle traverse vite le court si on la frappe avec force à faible altitude, soit elle a tendance à flotter dans les airs si elle est lancée en chandelle et puis

De la position de départ (1), on tourne les épaules comme à l'ordinaire et on place les doigts de la main non dominante sur le cœur de la raquette afin de la maintenir en position pendant l'élan arrière (2). On modifie légèrement la prise, ainsi qu'on l'a décrit en présentant le revers à une main. Cependant, étant donné que le tamis sera quelque peu dirigé vers le haut, soit en position d'ouverture, au moment du contact, la main devrait se déplacer à peine sur le dessus de la poignée (voir la photo 3). La plus légère modification dans la prise peut entraîner d'importants changements au point de contact.

La séquence de photos montre que l'élan arrière entraîne la raquette plutôt haut dans les airs. Le revers coupé exige une préparation moins longue car il n'est pas nécessaire de tourner autant les épaules ; cela s'explique du fait que la balle profitera de sa propre dynamique lorsqu'elle aura un effet arrière. Si on donne un coup trop dur au revers coupé, la balle franchira la ligne de fond. L'effet arrière peut être plutôt bref. Il faut également amorcer l'élan en posant un pied devant soi afin de transférer son poids vers le point de contact (3).

elle s'arrête lorsqu'elle rebondit au sol. Voilà pourquoi, lorsqu'on imprime un effet arrière à une amortie, la balle a tendance à s'immobiliser après un rebond.

    La trajectoire du revers coupé est très différente de celles des autres coups au sol dont nous avons parlé jusqu'ici. Afin de produire un effet arrière, la balle doit être touchée du haut vers

le bas et le tamis doit être légèrement ouvert lorsqu'il racle la balle. En conséquence, la trajectoire se dessine de haut en bas si le contact a lieu sous la ceinture.

4   **5**   **6**

Le point de contact est quelque peu décalé par rapport au corps (4) et pas aussi loin devant que pour un revers à une main. Un contact bien établi laisse l'impression d'un coup de poing. Le tamis de la raquette continue de glisser sous la balle comme pour en racler le dessous (5).

Ce mouvement produit l'effet arrière. La fin du mouvement s'exécute devant soi, alors que la raquette poursuit la balle selon la même trajectoire. La poitrine est tournée vers le côté lorsqu'on termine le coup.

▲ COUP DE MAÎTRE ▲

Essayez diverses prises pour le revers coupé afin de le frapper correctement. Si la balle continue de monter après le contact — un problème fréquent —, modifiez la prise de sorte que la raquette se présente perpendiculairement (à plat) au point de contact. Gardez la main opposée sur le cœur de la raquette jusqu'à ce que l'élan soit engagé vers l'avant.

LES VOLÉES

Afin de maîtriser la technique de la volée, les joueurs doivent passer beaucoup de temps aux abords du filet. Nombre d'amateurs s'activent sur le court à faire des balles depuis la ligne de fond, voire frappent la balle après qu'elle a rebondi deux fois de leur côté du filet. En conséquence, leurs coups au sol sont plutôt réussis mais ils ne parviennent jamais à exécuter une volée digne de ce nom.

VOLÉE DE COUP DROIT

Avant toute chose, pour réussir une volée, il faut manier avec adresse la prise marteau. On la désigne ainsi car on tient comme le manche d'un marteau la poignée de la raquette, dont le cadre servirait à enfoncer un clou. On parle également de prise continentale car elle était pratiquée en Europe sur les surfaces gazonnées. Il est essentiel de vous familiariser avec la position de cette prise parce que, dans le feu de l'action, vous n'aurez pas le temps de vous arrêter pour vérifier si vous tenez correctement votre raquette. Vous devez savoir d'instinct si votre main saisit comme il se doit son instrument (voir la page 15).

La prise marteau sert à décocher plusieurs coups. Quelques joueurs amateurs tenteront une volée à partir d'une prise eastern de coup droit. Elle est plutôt utile lorsque le contact avec la balle s'établit au-dessus du filet mais, lorsque la balle se déplace au niveau des chevilles, il devient très difficile et malaisé de tenter de l'élever plus haut que le filet. Essayez-vous à la prise marteau ; elle n'a pas sa pareille pour d'autres coups, notamment le service et le smash.

1

Alors que vous êtes à proximité du filet en position de départ (1), vous devriez adopter la prise marteau (voir l'encerclé). Être à proximité du filet ne permet pas de modifier sans cesse la prise de la raquette. D'où l'importance de la prise marteau : elle permet de frapper la balle d'un côté ou de l'autre du corps sans changer de prise. Le point de contact indiqué pour une volée se trouve à la hauteur des épaules. Ainsi, on trouve une bonne position et l'équilibre, le corps fait contrepoids et on dispose d'une bonne marge d'erreur au-dessus du filet. En conséquence, lorsque vous prenez la position de départ près du filet, la tête de la raquette doit être légèrement plus haut que lorsque vous prenez cette même position à la ligne de fond.

2

Vous devriez être en bonne position pour effectuer une volée (2). Il sera d'abord question de la volée de coup droit. La position est très importante parce qu'elle détermine la préparation des bras et des épaules préalable au contact.

3   **4**   **5**

Lorsqu'on atteint la bonne position de volée, on synchronise avec précision un pas en direction de la balle, juste avant l'instant du contact, de sorte que le corps fasse contrepoids à la balle qui s'approche (3). Il faut, bien entendu, disposer de suffisamment de temps pour agir. Le contact s'établit devant soi, en direction du filet (4). Évitez d'allonger complètement le bras au moment du contact, car cela gênerait le transfert du poids et de la force qui en résulte. Il faut légèrement fléchir le coude au moment du contact, de sorte que les muscles de la partie supérieure du bras et des épaules soient mis à contribution. Lorsque le contact s'établit à la hauteur des épaules, il faut donner le coup de poing avant subtilement de haut en bas, doublé d'une ouverture modérée du tamis. Le temps que le contact dure, le tamis glisse peu à peu sous la balle afin de bien la contrôler (5). Cette discrète rotation du poignet fait se courber le tamis sous la balle au moment où elle décolle de sa surface

(voir l'encerclé de la photo 6). Ce mouvement peut imprimer à la balle une rotation arrière. Cette rotation garde la balle sur la surface des cordes pendant une fraction de seconde de plus, la retient presque, de sorte que le joueur puisse mieux contrôler son placement au moment où la balle quitte le tamis.

Une précision s'impose ici : l'effet arrière a ses mérites car après le rebond il maintient la balle à faible altitude, mais il ne constitue pas un objectif en soi. L'objectif est de contrôler la balle. Les joueurs amateurs font souvent l'erreur de frapper une balle bondissante. Ce mouvement porte la surface du tamis contre la balle selon un angle si aigu qu'il sera difficile d'établir un contact uniforme avec la zone d'impact de la raquette. Faites en sorte que le mouvement avant de votre bras soit court et simple, au même niveau que la balle. N'en faites pas trop ; ainsi vous aurez davantage de temps pour vous replacer afin d'intercepter le prochain coup.

6

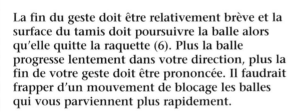

La fin du geste doit être relativement brève et la surface du tamis doit poursuivre la balle alors qu'elle quitte la raquette (6). Plus la balle progresse lentement dans votre direction, plus la fin de votre geste doit être prononcée. Il faudrait frapper d'un mouvement de blocage les balles qui vous parviennent plus rapidement.

à droite Tim Henman, l'espoir de la Grande-Bretagne lors des simples masculins à Wimbledon en 1999, face à une volée particulièrement difficile à intercepter.

VOLÉE DE REVERS

La volée de revers se fonde sur plusieurs des principes valant pour la volée de coup droit, par exemple la préparation, le placement du corps à l'aide d'un solide jeu de pieds, et un déplacement avant au point de contact. Il importe toutefois de préciser que l'on doit avoir plus souvent recours à la volée de revers qu'à la volée de coup droit. La raison en est que la main prend plus rapidement la position de revers que celle de coup droit lorsque la balle progresse en direction du corps.

1   **2**   **3**

Dans la séquence de photos ci-dessus, vous verrez que la main non dominante stabilise la raquette en position de volée (voir l'encerclé de la photo 2). La main opposée sert à placer la raquette mieux qu'une seule main le ferait. Lorsque vous avancez d'un pas en direction de la balle, la main dominante enlève la raquette à l'autre afin de frapper la balle.

Puisqu'il est question de la technique de la volée de revers, soulignons que plusieurs joueurs amateurs tentent ce mouvement à l'aide des deux mains. Ce sont souvent les mêmes qui

Vous aurez plus de facilité à frapper une volée de revers en modifiant la prise du côté du revers. Les joueurs de calibre supérieur qui frappent la balle à une plus grande vitesse ne disposent pas d'assez de temps pour modifier leur prise à proximité du filet. Cependant, au niveau amateur, que la plupart d'entre nous fréquentent, nous disposons de plus de temps pour effectuer ce changement. Exercez-vous à la volée de revers des deux manières, soit en modifiant votre prise et en ne la modifiant pas. On doit changer la prise entre la position de départ et celle de volée. Au moment où on effectue une rotation des épaules pour se préparer au coup, la main opposée guidera la légère flexion de la raquette. Voilà encore pourquoi les doigts de la main non dominante doivent former un arceau sur le cœur de la raquette.

4   5   6

frappent un revers des deux mains de la ligne de fond. De nouveau, on ne voit aucun joueur professionnel frapper une volée des deux mains. On l'emploie au niveau amateur, mais son succès est limité. Ses principaux désavantages sont la portée limitée de la balle lorsque les deux mains tiennent la raquette, l'inefficacité devant une balle au ras du filet et la difficulté que présente la manipulation de la raquette devant soi. Le mieux serait de consacrer davantage de temps à s'exercer à la volée de revers à une main en observant les indications présentées dans ce livre.

VOLÉE DE COUP DROIT BASSE

Précisons que les indications livrées jusqu'ici étaient fondées sur l'hypothèse selon laquelle le point de contact se trouvait environ à la hauteur des épaules. Toutefois, plusieurs volées seront propulsées d'un point au-dessous de la ceinture, auquel cas il faut employer une technique quelque peu différente.

L'erreur la plus répandue que je constate lorsque les joueurs s'efforcent de frapper une volée basse tient à ce que leur tête ne suit pas la balle jusqu'à la raquette. En conséquence, les jambes ne fléchissent pas suffisamment pour que le corps soit projeté au-devant de la balle (voir ci-dessus).

Comme vous voyez, la jambe arrière du joueur est suffisamment fléchie pour que son genou effleure presque le sol. Cette position lui permet de conserver son équilibre et de placer sa raquette parallèlement au sol, de sorte qu'il puisse contrôler son tamis plus facilement d'une simple torsion du poignet. En général, plus le point de contact de la volée est bas, plus le tamis doit être incliné (en position ouverte). Aucune prise, hormis le marteau, ne permet un tel contact. Prenez garde de ne pas vous lancer vers la balle. La volée basse est un coup défensif qu'il faut frapper d'un mouvement de blocage saccadé. Dans la plupart des cas, il ne faut pas déplacer de plus de 30 cm la raquette en direction de la balle.

VOLÉE DE COUP DROIT HAUTE

Une volée haute vous parvient au-dessus de la tête mais pas suffisamment haut pour pouvoir la smasher tout à fait. Les joueurs commettent fréquemment une même erreur en cela qu'ils tentent d'imprimer à la balle un élan complet alors que c'est inutile.

BLOC

On effectue un bloc lorsque la balle est frappée en direction du corps et qu'on n'a pas le temps de tourner les épaules pour exécuter une volée. Une volée de revers est alors indiquée car, bien qu'elle semble malaisée, elle constitue le meilleur moyen de réagir au coup et de placer la raquette sur la trajectoire de la balle.

Ici, il faut se rappeler que le tamis de la raquette doit se trouver devant la trajectoire de la balle. Préparez vite vos bras comme si vous receviez un smash au-dessus de la tête puis, d'une torsion du poignet et de l'avant-bras, ramenez brusquement le tamis sur le dessus de la balle pour vous assurer d'un contact solide. La vitesse ira grandissant sous l'effet du contact de la balle au centre du tamis et l'effet de levier de vos jambes. Pour mériter le point à partir d'une volée, il faut veiller au placement de son coup.

Voici deux exemples de bloc, à la ceinture et au visage. Le coude de la main qui tient la raquette s'écarte vers l'extérieur, alors que le tamis fait face perpendiculairement à la balle.

Ici, on ne dispose pas de temps pour modifier la prise. Lorsque vous jouez au filet, adoptez la prise marteau en position de départ. Serrez la poignée au point de contact et essayez un coup devant en faisant jouer seulement le poignet et l'avant-bras. De nouveau, il faut absolument que le tamis de la raquette se trouve sur la trajectoire de la balle.

Lorsque vous bloquez devant le visage (voir ci-dessus), vous devez vous éloigner de la balle au moment du contact, à défaut de quoi vous risquez de vous trouver sur la trajectoire de la balle.

SERVICE

Quiconque souhaite jouer au tennis doit maîtriser la technique du service. Chaque point que l'on mérite au cours d'une partie débute par un service, qui est probablement le coup auquel les analystes s'intéressent le plus. Un service efficace exige un synchronisme précis et la coordination des bras.

La plupart des joueurs amateurs sont en mesure d'envoyer la balle à l'intérieur du carré de service de leur adversaire. Cependant, les apprentis se plaignent du « chou à la crème » qui résulte souvent de leur service. Certes, nous voudrions tous pouvoir frapper des boulets comme les pros, mais nous devons garder le sens des proportions. Il est possible de parfaire son service sans sortir chaque fois son gros canon. Stan Smith a déjà dit que la réussite d'un service tient à la variété. Ce qui comprend le placement, le tournoiement de la balle, sa vitesse et diverses associations de ces trois éléments.

Tous les principes dont il sera question dans cette section n'ont pas nécessairement de corrélation avec les fautes que vous commettez lorsque vous exécutez un service. Souvenez-vous qu'en modifiant ne serait-ce qu'un seul élément de votre service, ce dernier entraînera des répercussions sur un autre segment du mouvement. Ainsi, pour accélérer votre service, vous devrez imprimer davantage d'élan arrière à la balle et, pour y parvenir, il vous faudra la lancer plus haut. En conséquence, votre synchronisme s'en trouvera modifié puisque vous aurez ajouté un mouvement au coup d'envoi.

Certes, le service de la balle engage un mouvement complexe mais les descriptions qui suivront sont brèves et simples. On peut déconstruire le service en deux temps : la préparation, qui comporte la posture, la prise et le lancer, et enfin l'élan.

à gauche John McEnroe plaçait ses pieds presque parallèlement à la ligne de fond, dos à son adversaire. Nous savons tous combien ses services étaient époustouflants ; toutefois, vous n'êtes pas tenus d'adopter la même posture.

Pour exécuter un service, on a recours à la prise marteau (voir la page 15). De toutes les difficultés inhérentes au service, c'est soit la prise, soit le lancer qui s'en trouve à l'origine. Si la prise de la raquette ne convient pas au service, le développement est limité. Plusieurs amateurs servent la balle à l'aide d'une prise eastern de coup droit, qui les oblige à employer surtout le bras pour exécuter le coup. En conséquence, la trajectoire s'inscrit facilement dans la bonne direction mais la balle n'acquiert ni vitesse ni rotation. Un service efficace sollicite le corps dans son ensemble, qui participe à un enchaînement de réactions. La prise marteau facilite cet enchaînement, de sorte qu'au point de contact le résultat obtenu est celui désiré.

1 **2** **3**

La posture indiquée ne pose qu'une exigence, à savoir se tourner suffisamment de côté pour que les épaules puissent effectuer une rotation au moment de l'élan. Certains posent les pieds précisément le long de la ligne de fond, mais il s'agit d'une préférence personnelle. Quelle que soit la posture que vous adoptiez, vous devrez vous détendre et sentir que vous jouissez d'un bon équilibre avant d'engager les mouvements du service. Inspirez profondément et faites rebondir la balle à quelques reprises ; cela vous permettra de vous relaxer et de vous concentrer. On amorce le lancer en allongeant les deux bras devant soi (1).

On saisit la balle dans le creux de la main, la paume tournée vers le haut (voir l'encerclé). Afin de simplifier le mouvement initial, songez à baisser les deux bras en même temps, puis à les remonter (2), bien que vous verrez sur les troisième et quatrième photos de cette séquence (voir la page suivante) que notre joueur a son propre style et qu'il ne monte le bras tenant la raquette que plus avant dans le mouvement de lancer. Cette technique est plus difficile à maîtriser mais elle assure à la raquette une accélération supérieure.

LANCER DE LA BALLE

Pour exécuter un service plat (qui n'imprime aucun effet à la balle), on doit lancer la balle suffisamment haut pour avoir le temps d'exécuter tous les mouvements préalables et pour que le bras soit allongé au moment du contact. Il faut toucher la balle alors qu'elle effectue une descente après avoir atteint son point culminant. Pour exécuter un service plat, on se place derrière la ligne de fond et on vise devant soi, de manière à imprimer à l'élan une dynamique avant, les pieds faisant effet de levier. Le lancer avant permet également de toucher le dessus de la balle au moment du contact. Quand

Au moment où la main libère la balle, on fléchit les genoux et la main qui lance reste allongée à côté de la tête. On fléchit le coude du bras qui exécute l'élan et on amène la raquette quelque part derrière la tête. Il faut également arquer le dos, tordre la taille et ramener au maximum les épaules vers l'arrière. Une telle torsion du tronc favorisera la portée du mouvement nécessaire afin de produire de la force au cours de l'élan préparatoire. Ainsi s'achève la préparation en vue du service.

Au moment où la balle atteint son point culminant et qu'elle entreprend sa descente, on commence à dérouler le tronc. On peut voir sur la photo 6 que le bras gauche se trouve sous le coude et que les épaules sont déployées au maximum. Il est important de maintenir l'épaule droite vers l'arrière jusqu'au dernier instant afin de maximiser l'accélération qu'imprimera le dégagement de l'épaule vers l'avant. Finalement, c'est au tour de la mécanique précise du bras et on ne lance pas la balle suffisamment loin devant soi, on lui imprime une trajectoire trop profonde ou trop haute. Vérifiez l'emplacement de vos lancers en laissant tomber la balle pour voir à quel endroit elle atterrit. Un bon lancer doit atterrir à environ 30 à 60 cm (1 à 2 pi) devant le pied le plus rapproché de la ligne de fond.

▲ COUP DE MAÎTRE ▲

Le synchronisme précis de la phase de l'élan exige que le lancer se fasse à l'endroit indiqué pour que le contact se produise comme il se doit. Bien que la phase de l'élan dans son ensemble dure moins d'une seconde, les régions du corps doivent travailler ensemble afin de dégager une force maximale au point de contact. La séquence débute au sol, alors que les jambes exercent une pression vers l'avant et vers le haut, et que l'on transfère son poids du pied arrière vers les orteils du pied avant au moment du contact. Si les jambes contribuent au transfert du poids, les épaules et le torse prennent le relais en faisant passer l'énergie des jambes vers les épaules et enfin dans les bras.

du poignet de jouer. Ce n'est pas une mince tâche que de contrôler l'énergie alors produite, laquelle est ensuite transférée au mouvement accélérateur de l'élan. Toute cette énergie doit converger vers le haut de la raquette alors que le poignet effectue une rotation avant pour maintenir cette force extrême et pour exercer quelque contrôle sur la balle. Si le mouvement est bien exécuté, il devrait s'en dégager l'impression d'effectuer un lancer et de faire claquer un fouet au point de contact.

REMARQUE DE L'ENTRAÎNEUR

« Le service est essentiel au jeu et c'est également le coup auquel on s'exerce le moins. Seul l'entraînement permet d'améliorer tous les aspects de son service. Les services légendaires de Pete Sampras restent hors de la portée du commun des mortels mais un esprit positif et un entraînement sans relâche vous permettront de frapper chaque fois un coup d'envoi qui atteindra sa cible. »

GEORGE ZAHORSKY, entraîneur professionnel de l'USPTA
Club de loisirs Lagunitas
Ross, Californie

ZONE DE CONTACT

Retournons à la prise marteau. Vous constaterez que le seul moyen d'exécuter un mouvement complet à partir d'une saccade du poignet consiste à effectuer une rotation extérieure de l'avant-bras au cours de l'élan préparatoire. Remarquez sur la série de photos que, juste avant le contact, au fil de la continuation, le bras se tourne soudain vers l'extérieur (on parle alors de pronation) dans la zone de contact. Seule la prise marteau permet d'exécuter ce mouvement. Alors que s'établit le contact, le tamis s'élève à la perpendiculaire derrière la balle. Cela cause un effet frappé qui imprime à la balle peu ou pas de rotation.

Moins la balle tournoie, plus vite elle fend l'air. Un seul problème est prévisible : la balle peut voler à quelque 30 cm (12 po) du filet. Poursuivez l'exercice !

Voyez sur ces photos que notre joueur a accompagné le service en atterrissant sur son pied gauche. De plus en plus de joueurs professionnels utilisent cette technique qui repose sur la grande force du corps qui monte à partir des jambes. Un joueur à la ligne de fond peut vite se mettre en position parce que ses pieds ne la franchiront pas. Bien sûr, nous aimerions tous imiter les pros, mais je vous conseille le mouvement ascendant standard pour lequel on termine le service sur son pied dominant.

SERVICE AVEC EFFET DE COURBE

On imprime un effet de courbe à la balle en la « raclant » comme on le fait pour un coup droit. La prise marteau vous permettra de placer la raquette selon un angle où vous pourrez couper la balle en deux sans mouvement de rotation extérieure ou pronation du bras.

Une saccade du poignet permet de racler le tamis sur la face antérieure de la balle et de remonter jusqu'à sa face supérieure. Si la balle était une horloge, vous établiriez le contact à deux heures (voir le schéma à droite). Avec un peu d'exercice au point de contact vous serez en mesure de varier le tournoiement de la balle. Essayez de racler la balle sur sa face antérieure à partir de sept heures pour vous rendre à une heure. Pour y parvenir, vous devrez lancer la balle un peu plus derrière et plus haut au-dessus de votre tête que dans le cas d'un service plat. Une telle amplitude met davantage le tamis en contact avec la balle au moment du coup et augmente l'effet accéléré. Avec un peu de pratique, vous améliorerez ce service en y adjoignant la prise eastern de revers.

Tenter d'améliorer son service peut s'avérer une expérience frustrante. Souvenez-vous : modifier l'un des aspects du service aura des incidences sur d'autres segments de l'élan préparatoire. Vous devez tenter différentes expériences. Acceptez de faire bien des erreurs en cours d'entraînement. Ne mettez pas en pratique une technique récemment acquise avant de la maîtriser pleinement. Vous n'avez pas besoin de partenaire pour vous exercer au service, seulement d'un panier rempli de balles.

Il existe une autre manière de servir la balle qui consiste à lui imprimer un effet. L'effet de balle augmente la marge d'erreur car la balle peut traverser le filet plus haut. La rotation l'entraînera dans une courbe descendante et légèrement latérale, selon l'angle avec lequel elle a frappé la raquette. La rotation n'a aucune force d'accélération mais, après que la balle aura rebondi dans le carré de service, elle bondira hors du terrain et embarrassera votre adversaire. Vous pouvez varier les associations entre vitesse et rotation au moment du coup d'envoi afin de désarçonner le receveur.

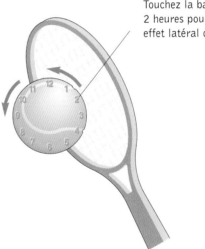

Touchez la balle à 2 heures pour créer un effet latéral ou slice.

à gauche L'étoile australienne Pat Rafter exécute un service lors des Internationaux d'Australie au parc Melbourne en 1999.

Les exercices présentés subséquemment traceront la grille de vos séances d'entraînement. Vous y trouverez entre autres *Cibles de service* à la page 68, *Service au filet* à la page 86 et *L'homme invisible* à la page 115.

LOB (ou chandelle)

Le lob est un coup spécial qui sert souvent en situation défensive. D'ordinaire, on le frappe alors qu'on se trouve loin derrière la ligne de fond, lorsqu'un joueur a des ennuis et qu'il est en mouvement.

Un lob bien haut qui pénétrera profondément en zone adverse vous donnera assez de temps pour vous sortir du pétrin et pour retrouver votre position de départ afin de continuer le point. Souvent, un lob adroitement exécuté transformera une situation défensive en une situation offensive. Un lob est utile à l'offensive car la balle est envoyée hors de portée de l'adversaire lorsque celui-ci se trouve aux abords du filet. On exécute un lob offensif dans l'intention de mériter un point en profitant de ce que l'adversaire n'aura pas suffisamment de temps pour courir à la ligne de fond et retourner le coup. À l'échelon professionnel, les joueurs impriment un effet brossé à la balle afin qu'elle retombe plus vite après avoir volé au-dessus de la tête de l'adversaire. Un bon joueur doit maîtriser le lob.

1

Pour frapper un lob droit, allez à la rencontre de la balle tout en préparant vite la raquette (1). Ainsi, la tête de la raquette doit amorcer le mouvement très bas, la surface du tamis inclinée vers le haut. Il importe de vite baisser la tête de la raquette de sorte que la trajectoire de l'élan soit amorcée quasi directement sous la balle.

▲ **COUP DE MAÎTRE** ▲

Les joueurs amateurs qui impriment un élan arrière bouclé à leurs coups au sol font souvent de même lorsqu'ils exécutent un lob. En conséquence, la majorité de leurs lobs ne montent pas suffisamment haut. Afin de frapper avec aisance la balle de dessous, le contact doit s'établir à la hauteur de la ceinture ou un peu plus haut. La prise utile au lob droit est la prise marteau ou encore la prise de coup droit (voir les prises à la page 14).

2

Le lob est également appelé « coup touché » (2), ce qui signifie qu'il sert à contrôler la balle. Un court élan arrière doublé d'un élan préparatoire moins rapide assureront un contact plus léger. Le tamis doit être légèrement ouvert au moment du contact.

3

L'accompagnement est le prolongement du geste offensif qui aide à contrôler la direction de la balle après qu'elle a décollé du tamis. Cette fin de poursuite revêt une importance considérable quel que soit le coup, mais en particulier quand il s'agit d'un lob (3). Un accompagnement plus haut et avec plus d'amplitude dans le geste permettra à la balle de filer au-dessus de la tête de l'adversaire et d'atterrir plus profondément en zone adverse, tout en établissant un contact assez souple pour bien la contrôler.

▼ DÉTECTION DES FAUTES ▼

Souvent, un joueur dont l'élan arrière a trop d'amplitude interrompra son mouvement aussitôt le contact établi. Il agit ainsi parce qu'il sait qu'il frappera la balle trop rudement à défaut de freiner son élan ou du moins de le ralentir. La balle vole alors en tous sens car aucun geste de poursuite ne la porte sur les cordes de la raquette.

LOB EN REVERS

À propos du lob en revers à une main, veillez à être à bonne distance de la balle alors que vous amorcez l'élan préparatoire. L'élan doit avoir une bonne amplitude pour se poursuivre par un long geste d'accompagnement. Être trop près de la balle ne permettrait pas l'étirement du bras au moment du contact ou lors de l'accompagnement.

On peut frapper un lob en revers en tenant la raquette d'une main ou des deux. Un lob en revers à une main ressemble à un lob en coup droit car, dès le départ, la tête de la raquette se trouve sous la balle (1), après quoi on établit le contact avec aisance (2) au-dessus de la ceinture mais pas plus haut que la tête. On exécute un lob en revers à partir d'une prise marteau ou d'une prise eastern de revers (voir les prises à la page 14).

De nouveau, le geste d'accompagnement est très important (3), particulièrement du côté du revers, parce que de nombreux joueurs ont à peine assez de force pour frapper la balle suffisamment haut d'une seule main.

LOB EN REVERS À DEUX MAINS

Ce lob est semblable à un coup au sol doublé d'un élan, sauf que la trajectoire de l'élan préparatoire est décrite de bas en haut et que le tamis est plus ouvert (ou incliné vers le haut) au moment du contact.

1   **2**   **3**

Un revers à deux mains requiert la force de la main non dominante pour frapper la balle. En conséquence, on devrait éprouver plus de facilité à utiliser ses deux mains, n'est-ce pas ? Le lob en revers à deux mains a ceci d'avantageux que le coup profite de plus de force de frappe et que l'on peut manier la raquette plus vite à l'aide des poignets lorsqu'on doit vite rendre un coup. Son seul désavantage tient à ce que, au dernier instant, alors qu'on s'aperçoit qu'on pourra renvoyer la balle avec aisance, on a moins d'amplitude pour l'atteindre. Je ne saurais trop vous conseiller de vous exercer au lob en revers à une et à deux mains. Ainsi, le temps venu, vous pourrez exécuter l'un ou l'autre selon l'impératif de la situation.

Les exercices d'entraînement au lob se trouvent sous *Amortie et poursuite* à la page 84, *Lobé croisé* à la page 102, *Positions repères de double* à la page 108 et *Lob profond* à la page 114.

Smash

Le smash est un autre coup qu'un joueur de tennis doit maîtriser lorsqu'il joue au filet. Deux éléments sont indispensables afin de réussir un smash par-dessus la tête de l'adversaire : l'adresse physique et l'assurance. À défaut de vous exercer à ce coup, vous ne serez pas en mesure de l'exécuter lors d'un match.

En position de départ au filet, le premier mouvement consiste à faire pivoter les épaules pour se trouver de profil par rapport au filet, tout en plaçant les deux bras pour initier un élan préparatoire (1 et 2). Cette courte préparation vous permettra de capter rapidement la balle ou de l'atteindre juste derrière vous si elle ne volait pas trop haut au-dessus de votre tête.

Ensuite, il faut vous placer. Il s'agit souvent de l'étape la plus difficile. Bien que le coup porte la balle relativement haut dans les airs, vous devez avoir le temps de vous placer en vue d'amorcer l'élan. La difficulté est de déterminer l'endroit où la balle retombera avant qu'elle n'arrive en fin de trajectoire. Imaginez la balle qui entrerait dans un panier posé sur votre épaule qui est en avant. Synchronisez votre élan en assujettissant le pied qui se trouve derrière vous et en faisant pivoter les épaules vers l'avant (3 et 4) alors que la balle chute sur le point de contact. Vous ne parviendrez à un bon point de contact tout en maintenant votre équilibre et en synchronisant votre élan qu'à la seule condition d'être en bonne posture pour ce faire. Seule la pratique fera en sorte que vous maîtriserez ce segment d'un smash.

▲ COUP DE MAÎTRE ▲

Vous n'êtes pas tenu de déployer toute la force dont vous êtes capable chaque fois que la balle file au-dessus de votre tête. Il faut la smasher seulement lorsque la chose semble facile. Il faut parfois la laisser rebondir avant de la frapper d'un smash ; d'autres fois, il faut vous dégager, la laisser rebondir et la retourner d'un lob ; d'autres fois encore, elle ne vole pas assez haut pour que vous puissiez exécuter un élan complet avant de la smasher, auquel cas il est préférable de pratiquer une volée. Ne dépassez pas vos limites simplement pour laisser la balle en mouvement.

Au point de contact, le bras (5) est tendu et les jambes propulsent le corps en hauteur, de sorte que l'énergie est canalisée vers l'extrémité de la tête de la raquette – un peu comme si vous faisiez claquer un fouet. Vous devriez avoir l'impression d'avoir atteint une hauteur limite ; vous êtes sur la pointe des pieds au moment du contact. Le mouvement du lancer est semblable à celui du service. Le bras exécute une rotation extérieure lorsque vous initiez l'élan afin d'aplatir le tamis contre la balle au contact. À l'instant où s'établit le contact, tournez les épaules en direction du filet. D'un geste du poignet et de l'avant-bras, frappez sur la face supérieure de la balle avec le tamis. Tenez le coude en l'air un peu plus longtemps que d'habitude pour vous assurer que l'avant-bras a donné à la balle un coup suffisamment fort vers le sol (6).

Le geste d'accompagnement se dessine avec aisance seulement si la poursuite est exécutée correctement (7).

Exercez-vous au smash par-dessus la tête en frappant la balle du côté gauche du terrain et ensuite du côté droit. L'alternance des cibles vous apprendra à placer les épaules en fonction de l'endroit où vous souhaitez envoyer la balle.

Les exercices d'entraînement au smash sont présentés sous *Exercices au mur* à la page 58, *Grand Chelem* à la page 110, *Lobé croisé* à la page 102, *Positions repères de double* à la page 108 et *Lob profond* à la page 114.

COUP D'APPROCHE

On frappe un coup d'approche au demi-court avant de monter au filet pour y exécuter une volée. Il s'agit d'un coup très important qui, s'il est adroitement exécuté, vous mettra en position de volleyer au détriment de l'adversaire ou, s'il est accompli piètrement, lui fournira la possibilité de frapper avec facilité un coup de débordement.

Le coup d'approche de Jimmy Conners comptait parmi les meilleurs. Il l'exécutait avec une telle adresse qu'il mettait son adversaire dans la difficulté et se ménageait la possibilité de volleyer un coup gagnant. Très souvent, un coup d'approche bien frappé se transforme en coup gagnant.

Voici un autre coup pour lequel il faut des connaissances précises quant à la manière de le frapper, le moment et l'endroit où l'exécuter, et aux exercices pour s'y entraîner. Au cours de ce chapitre, nous vous expliquerons comment et à quel moment frapper un coup d'approche. Les exercices

d'entraînement sont présentés dans divers chapitres et particulièrement sous la rubrique *Passe de côté* à la page 112. Je signale de nouveau qu'il vous faut pratiquer chacun des coups présentés au premier chapitre.

Lorsque l'adversaire frappe une balle qui atterrit de votre côté du terrain et que vous voyez qu'elle vous obligera à un déplacement à l'intérieur de la ligne de fond, vous devez décider sur-le-champ si vous rendrez votre prochain coup pour revenir aussitôt derrière cette ligne ou si vous frapperez un coup d'approche avant de monter au

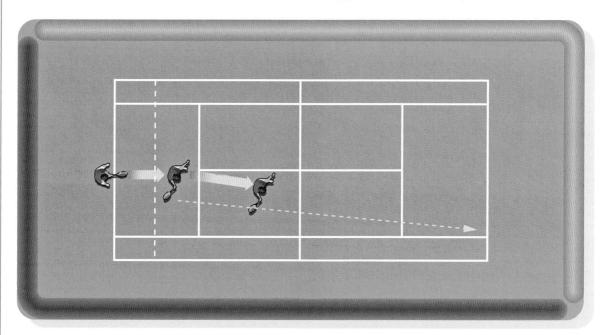

ci-dessus Ce schéma montre la ligne imaginaire à partir de laquelle on ne peut plus revenir à la ligne de fond. Ce point de non-retour ou zone de vulnérabilité se trouve à mi-chemin entre la ligne de fond et la ligne de service.

Quand on se trouve en zone de vulnérabilité — c'est-à-dire au-delà de la ligne imaginaire —, dans la plupart des cas on ne dispose pas de suffisamment de temps pour reprendre position à l'endroit stratégique voulu en prévision du prochain coup.

filet. Dans le feu de l'action, un moment vient où vous n'avez d'autre choix que de vous approcher du filet.

Les joueurs de calibre supérieur cherchent à monter au filet dès que l'occasion se présente, surtout lorsqu'ils jouent en double. Toutefois, quand on joue en simple, cette stratégie n'est pas toujours géniale si on tente de courir de la ligne de fond et qu'on envoie un coup d'approche faible.

1 **2** **3**

Lorsque vous êtes derrière la ligne de fond, il faut être prêt à prendre une balle courte en tout temps. En conséquence, vous devez être sur la pointe des pieds, les genoux fléchis. Aussitôt que la balle décolle de la raquette de l'adversaire, vous devez déterminer s'il s'agit d'une balle courte et vous déplacer sur-le-champ pour aller à sa rencontre (1 et 2). Lorsque vous vous apprêtez à ramasser la balle, vous devez effectuer une rotation des épaules avant qu'il ne soit trop tard (3).

> ### ▼ DÉTECTION DES FAUTES ▼
>
> L'une des fautes les plus répandues vient de ce qu'un joueur ne s'immobilise pas assez longtemps afin d'assurer son équilibre avant de frapper le coup. Cela survient lorsqu'il continue de courir tout en essayant de frapper. Parfois, cependant, vous n'aurez pas d'autre choix.
>
> Une autre faute se produit quand un joueur a préparé son coup en ramenant trop la raquette vers l'arrière ; il s'agit d'une habitude née de trop nombreux coups frappés à la ligne de fond. Un élan arrière trop prononcé de l'intérieur de la ligne de fond entraîne souvent la balle vers le grillage.

▲ **COUP DE MAÎTRE** ▲

Un bon truc consiste à se déplacer à mi-chemin entre la ligne de service et le filet. Si vous vous approchiez davantage du filet, la balle passerait facilement au-dessus de votre tête ; un adversaire adroit en tirerait assurément avantage. Vous devez chaque fois sauter en position d'attente juste avant que votre adversaire frappe la balle. Ainsi, si vous n'avez pas atteint la zone idéale entre le filet et la ligne de service, vous devez sauter en position d'attente où que vous vous trouviez sur le terrain. Sauter en position d'attente vous permettra d'observer la hauteur et la direction du coup afin de vous précipiter à la rencontre de la balle.

4   5   6

Afin de restreindre la portée de l'élan arrière, il faut connaître le principe suivant : (4) plus vous êtes près du filet et plus vous avez l'intention de frapper un coup bas, plus l'élan arrière doit être court. Les joueurs commettent souvent l'erreur de s'immobiliser complètement en cours d'élan. Cet arrêt se répercute par l'absence de dynamisme avant dans l'élan et aucune poursuite en direction du filet, de sorte que le joueur ralentit. Lorsque le coup est exécuté, il faut vous presser pour vous trouver à proximité du filet lorsque votre adversaire vous retournera la balle. Je désigne cette brève période de ralentissement

par l'expression « arrêt, en avant, frapper » (3, 4 et 5). Cette séquence permet la continuation du mouvement après que le coup a été donné, de sorte que vous puissiez prendre la position de volée avant que votre adversaire frappe la balle. Toutefois, assurez-vous de compléter votre élan avant de vous déplacer.

COUP D'APPROCHE ÉNERGIQUE

Voici une variante du coup d'approche qui vous aidera à frapper la balle avec plus d'énergie sans encourir davantage de risque. Il s'agit d'établir le contact avec la balle à un point du rebond plus élevé que d'ordinaire. Il s'inscrit en général à la hauteur de l'épaule (voir ci-contre) et vous permet d'imprimer à la balle un coup vers le bas au moment du contact. Dans ce cas, l'élan arrière ne doit pas ramener la raquette sous le niveau de la balle avant que le contact soit établi.

La surface du tamis doit racler la face supérieure de la balle au moment de l'impact. Ce mouvement pousse la balle vers le bas tout en lui imprimant un effet brossé. On réussit ce coup à condition que la balle ne tombe pas sous le niveau du filet au moment du contact. Vous devrez vous précipiter pour vous approcher suffisamment de la balle avant qu'elle ne tombe trop bas. Lorsqu'elle rebondit en hauteur, utilisez une prise eastern de coup droit ou une prise western. Une prise marteau ne convient pas à ce coup si le contact avec la balle se fait au-dessus de la ceinture. Il importe de choisir la prise opportune en fonction de la hauteur du rebond.

COUP D'APPROCHE EN REVERS

On frappe la plupart des coups d'approche en coups droits. Si la balle progresse directement dans votre direction du centre du terrain, vous devez la frapper d'un coup droit. Le coup d'approche en coup droit est beaucoup plus puissant que le revers et on adopte plus facilement cette position. Cependant, un coup d'approche en revers s'impose en certaines circonstances. Étant donné les caractéristiques physiques du corps humain, le revers exige une rotation des épaules plus accentuée et vous devrez effectuer une torsion en direction opposée afin de renvoyer la balle avec vitesse.

En conséquence, la plupart des joueurs frappent le coup d'approche en revers en lui imprimant un effet slicé. Un coup d'approche coupé (ou slicé) n'exige pas une forte rotation des épaules en raison de l'effet rétro imprimé à la balle. L'effet rétro laissera la balle flotter dans les airs et elle sautillera lorsqu'elle touchera le sol. Il est efficace parce qu'il maintient la balle à faible hauteur et que l'adversaire doit la frapper en chandelle lorsqu'il la retourne. Ce coup vous laisse vous mouvoir en même temps que vous amorcez votre élan, de sorte que vous pouvez vite vous rendre en un endroit propice à la volée. Nous avons présenté le revers coupé à la section des coups de revers au sol (voir la page 26).

Les exercices relatifs à la *Passe de côté* à la page 112 et les *Variantes en zone de vulnérabilité* à la page 80 mettent en lumière ce coup auquel on peut s'exercer en exécutant les exercices *Coup dévastateur* à la page 82, *Mise en situation de double « sur courte distance »* à la page 104 et *Positions repères de double* à la page 108.

AMORTIE

Une amortie est un coup destiné à envoyer la balle tout juste de l'autre côté du filet ; sa trajectoire légèrement arquée passe près du filet et vise à surprendre l'adversaire et à l'obliger à se précipiter vers l'avant. Elle remplace souvent un coup d'approche.

Une amortie est un coup léger qui fait passer la balle juste au-dessus du filet. On la joue en général pour tenter de gagner le point. On y a également recours dans l'intention d'épuiser son adversaire, en l'obligeant à courir vers la balle pour essayer de la frapper avant le deuxième bond, ou encore pour le forcer à jouer au filet quand on sait qu'il préfère s'en abstenir. Ensuite, vous pouvez tenter un lob au-dessus de sa tête. Cette séquence lui fera perdre la tête. Il s'agit d'une bonne stratégie si vous ne craignez pas de vous faire des ennemis. Le meilleur motif d'une amortie est de surprendre son adversaire.

Tenter une amortie derrière la ligne de fond est une entreprise hasardeuse. Par définition, il ne s'agit pas d'un coup facile à exécuter ; vous devriez y recourir lorsque vous détenez une avance confortable dans le jeu ou la manche. Une amortie réussie retombe juste devant le filet ; on frappe la balle doucement en lui inculquant un effet rétro. J'ai cependant vu des joueurs amateurs exécuter des amorties sans effet rétro très efficaces. Il sera question dans cette section des amorties en coup droit. Les mêmes principes valent aussi bien pour l'amortie en revers.

1

2

Pour ajouter un élément de surprise à ce coup, faites comme si vous vous apprêtiez à frapper un coup au sol ou un coup d'approche. N'oubliez toutefois pas que, si vous vous trouvez à l'intérieur de la ligne de fond, il faut réduire

l'élan arrière en cours de préparation. Choisissez entre la prise eastern de coup droit ou la prise marteau pour faire une amortie. Veillez à ce que la tête de la raquette amorce l'élan au-dessus du point de contact (1). Alors que vous donnez

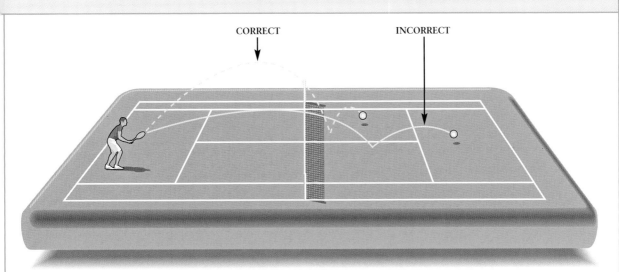

CORRECT   INCORRECT

ci-dessus **Une balle bien amortie ne volera qu'à environ 30 à 60 cm (1 à 2 pi) au-dessus du filet ; son effet rétro lui permettra d'atterrir à l'intérieur de la ligne de service après le deuxième, voire le troisième bond. La maîtrise de l'amortie ne s'acquiert pas sans difficulté. Toutefois, si vous vous y exercez quelque peu, vous aurez suffisamment d'assurance pour** l'exécuter pendant un match. Elle deviendra alors une arme de plus à votre arsenal stratégique.

Vous vous exercerez à l'amortie à l'aide de l'exercice du *Coup dévastateur* à la page 82, de la *Stratégie de simple « à la première occasion »* à la page 94 et de la *Mise en situation de double « sur courte distance »* à la page 104.

3

4

l'élan, ramenez le tamis vers le sol d'une flexion du poignet et poussez la main vers l'avant dans un léger mouvement arqué. Le contact doit se faire en douceur environ à la hauteur de la ceinture (2). Le tamis doit racler de haut en bas l'arrière de la balle pour lui imprimer un effet rétro (3).

Toutefois, alors même que la balle quitte le tamis, le poignet accomplit une révolution en soulevant la balle sous sa face inférieure (4). Ce mouvement la soulèvera quelque peu afin qu'elle rebondisse faiblement de l'autre côté du filet.

DEMI-VOLÉE

Une demi-volée n'a rien en commun avec une volée. Il s'agit d'un coup que l'on frappe immédiatement après un bond de la balle, en général à proximité de la ligne de service. Toutefois, on peut tenter une demi-volée de la ligne de fond en présence d'une balle profonde lorsqu'on n'a pas le temps de reculer. Dans un cas ou l'autre, il s'agit d'un coup difficile à comprendre pour qui ne l'a jamais tenté, que l'on parvient facilement à maîtriser pour peu que l'on s'y exerce.

1   **2**

D'entrée de jeu, il faut savoir que l'effet rétro est pratiquement absent de la demi-volée. En position de départ, tournez-vous vers le demi-court droit et laissez tomber la tête de la raquette en droite ligne directement derrière l'endroit où la balle bondira (1). La balle prend de la vitesse aussitôt qu'elle a touché le sol et, conséquemment, sa vitesse est suffisante pour la faire ricocher sur les cordes au moment où vous placez soigneusement le tamis (2). Il faut toucher la balle à environ 5 à 10 cm (2 à 4 po) du sol.

La prise eastern de coup droit est indiquée car elle permet au poignet de replacer le tamis si, au dernier moment, vous vous trompez sur l'endroit où la balle bondira. La prise marteau fait également l'affaire parfois, surtout lorsque le point de contact est plus bas. Cependant, la balle tente souvent de monter lorsqu'on emploie la prise marteau, ce qui permet à l'adversaire de monter au filet et d'y frapper une volée gagnante. Si vous continuez à frapper la balle à la verticale, d'un geste du poignet ramenez le tamis sur la face supérieure de la balle au moment du contact ou adoptez la prise eastern de coup droit.

Si vous jouez surtout des parties de double, vous devrez apprendre à maîtriser ce coup. Rappelez-vous que votre adversaire s'efforcera d'envoyer la balle à vos pieds s'il le peut. Lorsque vous vous placez près de la ligne de service (ou juste à l'intérieur de cette ligne), il est préférable d'avancer en direction de la balle plutôt que de reculer avant de retourner le coup. Les joueurs amateurs commettent souvent l'erreur de reculer ici afin de retourner la balle comme s'il s'agissait d'un bond normal. Une demi-volée vous permettra plutôt de donner de la vitesse à la balle au moment du contact et de conserver votre position avant sur le terrain. La demi-volée est un coup défensif que l'on retourne d'ordinaire à la ligne de fond de son adversaire.

3

4

Si la balle s'élève à plus de 15 cm (6 po) du sol avant l'impact, il est très difficile de déterminer l'emplacement du point de contact. Si la balle s'élève trop après un bond, le coup suivant n'est plus considéré comme une demi-volée. On parle alors de frapper la balle en ascension et c'est le coup le plus difficile qui soit après que la balle a bondi.

Le mouvement du bras et de la raquette qui exécute une demi-volée est en général très court (3). On peut le comparer au coup donné à une balle de ping-pong. Plus la balle vous parvient rapidement, plus le coup donné devant sera serré (4).

Si vous tentez d'imprimer une demi-volée à une balle plus lente, vous devez prolonger le geste de poursuite un peu vers l'avant afin d'ajouter à la profondeur de votre coup.

Une demi-volée du côté du revers repose sur les mêmes principes, à la seule différence qu'il faut alors recourir à la prise eastern de revers.

On peut s'exercer à la demi-volée selon les variantes des exercices présentés au chapitre trois, sous les rubriques *Échange de volées* et *Enchaînement service-volée*. L'exercice *En ascension* présenté au chapitre quatre en offre également une bonne variante qui vous familiarisera avec les demi-volées occasionnelles à partir de la ligne de fond.

CHAPITRE DEUX

EXERCICES SUR CIBLES

De nos jours, le rythme du jeu s'est accéléré comme jamais auparavant mais la chose la plus importante qui soit demeure : on doit retourner la balle là où on le souhaite.

Souvent j'ai vu des équipes jouer en double deux types de match très différents l'un de l'autre. Une équipe renvoie la balle en la frappant durement comme pour marquer un point presque chaque fois, tandis que l'autre équipe la retourne simplement là où elle veut. Les meilleurs joueurs de double sont ceux qui envoient immanquablement la balle là où ils le veulent.

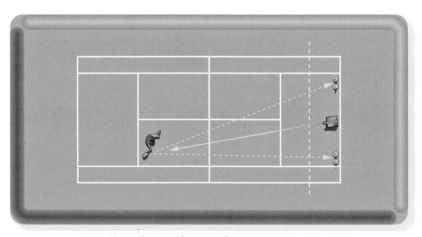

Les cibles d'une volée en profondeur (voir la page 64)

Vous remporterez souvent le match pour peu que vous renvoyiez constamment la balle au milieu du terrain. Toutefois, pour améliorer votre jeu et passer au calibre supérieur, il vous faudra allier précision et régularité. On n'acquiert le placement indiqué qu'à force d'exercice et de répétition. Les exercices présentés dans ce chapitre visent à améliorer la précision des coups. Pour accessoires, il vous faudra quelques cônes de repère, une longue corde ou quelques cibles sur lesquelles viser. Prévoyez également une ample provision de balles, ainsi qu'un partenaire d'exercice qui vous lancera les balles ou encore un lance-balles automatique.

EXERCICES AU MUR

Renvoyer une balle de tennis contre un mur constitue un moyen très efficace de s'exercer à quelques principes élémentaires de ce jeu. Ainsi, vous pourrez vous exercer sans vis-à-vis tout en focalisant sur les aspects de vos coups qui méritent une amélioration.

Plusieurs estiment que les exercices au mur sont ennuyeux et peu fructueux. Cela est faux quand on sait varier son activité et que l'on saisit bien l'objectif de l'entraînement, qui s'avère alors très profitable. Les séries d'exercices qui suivent vous apprendront à varier vos séances d'entraînement au mur, de sorte que votre stimulation intellectuelle ne s'émousse pas au cours de l'exercice. Je ne conseille à personne de faire des exercices au mur des heures durant, mais prévoyez une séance dans votre horaire d'entraînement afin d'équilibrer votre jeu. D'ordinaire, on se place à environ 9 m (30 pi) d'un mur sur lequel on envoie des coups au sol. Cette façon de faire convient pour peu que l'on n'oublie pas quelques principes. En premier lieu, lorsque la balle revient vers vous, elle rebondit très souvent

Quelle que soit la variante, il faut vous rappeler que l'exercice vise à acquérir de la régularité et de la précision dans les coups. Vous vous demandez comment y parvenir hors d'un terrain de tennis. Sur le mur, tracez un rectangle à l'aide d'une craie ou de bandes d'adhésif (1). En vous exerçant à atteindre cet objectif, vous apprendrez à maîtriser la surface du tamis à l'aide de rotations du poignet au moment du contact. Lorsque vous transposerez ce même objectif sur un terrain, vos coups seront plus précis car vous visualiserez alors une cible qui se trouvera à mi-chemin de l'endroit où la balle atterrira vraiment. Cette méthode d'entraînement est semblable à celle que favorisent les golfeurs et les joueurs de quilles. Un coup précis sur une courte distance s'alignera toujours comme un coup donné sur une longue distance, mais sera plus facile à exécuter.

La variante suivante vous initie aux mouvements de la volée de revers ou de coup droit. Prenez place à environ 3 m (10 pi) du mur. Exercez-vous à contrôler vos volées en les retournant chaque fois au même endroit (2). Frappez la balle avec assez de douceur pour imprimer un rythme à la séance. Premièrement, efforcez-vous de maintenir la balle en coups droits afin de parfaire vos mouvements en ce sens. Ensuite, refaites l'exercice en coups de revers. Enfin, lorsque vous maîtrisez mieux vos mouvements, reculez davantage et renvoyez spontanément la balle par des volées de revers ou de coup droit.

trop loin ou alors vous n'avez pas suffisamment de temps pour vous mettre en position pour la retourner après un rebond. Pour pallier cela, il faut frapper la balle avec douceur afin qu'elle rebondisse contre le mur de façon contrôlée ; elle effectue un rebond, après quoi vous la frappez. Vous pouvez également reculer d'environ 3 m (10 pi) pour que la balle rebondisse à deux reprises. Ce recul vous laissera davantage de temps que vous en auriez normalement sur le terrain pendant un échange à la ligne de fond. De plus, vous disposerez de suffisamment de temps pour amorcer un ample élan préparatoire en direction de la balle. Cependant, en frappant une balle qui effectue deux rebonds vous ne vous exercez qu'à cueillir des balles basses. Visez le mur plus haut et imprimer un effet brossé à la balle.

▲ **COUP DE MAÎTRE** ▲

On peut parfaire son service contre un mur en utilisant le principe de la cible présenté à cette section. Souvent, la ligne du filet est tracée sur le mur servant à l'exercice. Rappelez-vous : si vous servez un coup plat, vous devez viser à proximité de la partie supérieure de cette ligne, sinon vos services retomberont avant que vous n'évoluiez sur le terrain.

3   4

« Pour vous exercer à des coups en mouvement, placez-vous à la diagonale du côté gauche ou droit du mur, frappez la balle au centre et courez afin de protéger l'angle que vous avez ouvert. Choisissez des cibles le long de la ligne ou en croisé et frappez un bon coup ! »

SCOTT MURPHY
Entraîneur professionnel de l'USPTA

REMARQUE DE L'ENTRAÎNEUR

Vous pouvez également vous exercer au smash contre un mur. Placez-vous à 4,5 m (15 pi) devant le mur et frappez la balle au sol à environ 1 m (3 pi) du mur (3). Ce mouvement contraint la balle à s'élancer dans les airs et vous permet de vous exercer aux mouvements élémentaires du smash (4). Prenez garde et n'approchez pas trop du mur, car vous pourriez devoir esquiver votre propre ricochet.

CIBLES DE COUPS AU SOL EN CROISÉ

Le tennis est fondé sur la régularité des coups. Lorsque vous jouez à la ligne de fond, vous devez établir des schèmes simples à partir de vos coups au sol. Cela sous-entend qu'il faut éviter de trop frapper la balle. Ces schèmes vous permettent de demeurer dans le jeu en toute sûreté jusqu'à ce que se présente une possibilité favorable. Vous devez apprendre à cibler vos coups au sol là où votre adversaire ne pourra pas vous mettre en position défensive. Si vous frappez la majorité de vos coups en croisé, vous ne courez aucun risque car votre adversaire ne pourra tenter de coups en grand angle. Il s'agit d'une tactique neutre par laquelle vous faites suffisamment de balles pour que votre adversaire commette une erreur ou pour qu'il vous renvoie une balle facile à retourner.

Tous les coups ne sont pas semblables. Parfois le rebond est haut, parfois il est faible, certains ont un effet rétro, d'autres encore un effet accéléré. Vous devrez déterminer quel coup au sol retourner

1 **2**

Cet exercice est réparti en trois schèmes différents. Le premier est constitué de coups droits en croisé. Remarquez que cette joueuse est gauchère (1). Disposez quelques cônes à environ 2 m (6 pi) à l'intérieur de la ligne de fond et à la même distance de la ligne de côté. Installez le lance-balles au centre du terrain sur la ligne de fond ou demandez à votre partenaire de vous envoyer les balles depuis cet endroit. Comptez le nombre de coups consécutifs que vous envoyez à l'intérieur de la zone délimitée par les cônes. À mesure que vous acquérez davantage de régularité, augmentez le degré de difficulté en comptant les coups successifs à l'intérieur d'une zone restreinte.

Le deuxième schème consiste à refaire l'exercice sur le côté du revers (2). N'oubliez pas le but de l'exercice qui consiste à conserver le plus grand nombre de balles à l'intérieur du terrain. Ne poussez pas la difficulté de l'exercice jusqu'à oublier son but.

aussitôt que votre adversaire frappera la balle. Si vous variez la force du tournoiement de vos coups au sol, vous aurez plus de régularité à la ligne de fond.

Lorsque vous exécutez des exercices sur cibles, faites en sorte que la personne qui vous envoie la balle (ou le lance-balles automatique) lui imprime différents rebonds et tournoiements. Efforcez-vous de renvoyer la balle sur des cibles à la diagonale en lui imprimant différents types de tournoiement à

des vitesses variées. Essayez de voir lesquels fonctionnent le mieux selon les types de rebonds. En général, il est plus facile de retourner une balle qui rebondit haut en lui imprimant un effet brossé qu'une balle au faible rebond. Un revers coupé est utile contre une balle qui rebondit peu du côté du revers.

3

✪ VARIANTE ✪

Le troisième schème est constitué d'un coup en croisé du côté du revers à partir d'un coup droit (3). Cet exercice vous permet de vous exercer au coup droit décentré. Il s'agit d'une stratégie de simple très efficace qui met l'adversaire sur la défensive puisque la balle lui parvient de son côté du revers le plus faible alors que vous servez du demi-court droit où vous êtes le plus fort. Cet exercice vise à frapper régulièrement la balle contre la cible, qui normalement serait le revers de l'adversaire. Il s'agit d'un schème courant parmi les joueurs droitiers. La photo montre une joueuse gauchère qui frappe la balle en décroisé du côté gauche du court. Au cours d'un match, votre adversaire s'affaiblira suffisamment pour que vous puissiez tenter un coup dans l'ouverture dégagée à la diagonale.

Rapprochez les cônes de la ligne de côté, en direction de la ligne de service, afin de vous exercer à élargir vos angles. Une corde peut également servir à délimiter les angles.

CIBLES DE COUPS AU SOL LE LONG DE LA LIGNE

Au tennis, ce n'est pas chose facile que de tenter de frapper la balle le long de la ligne. Un coup au sol en croisé est plus sûr parce que le filet est plus bas en son centre, que le terrain est plus long diagonalement et qu'il se trouve plus d'espace sur le terrain où rater la cible, ne serait-ce que de quelque peu. Cependant, les coups le long de la ligne revêtent une haute importance si vous essayez d'envoyer la balle à l'intérieur d'une zone découverte ou si vous tentez de retourner un coup de débordement. Dans un simple, si votre adversaire frappe un coup d'approche dans un coin, cherchez d'abord une ouverture le long de la ligne.

Dans un double, vous devrez à l'occasion frapper dans les couloirs pour empêcher un adversaire de vous prendre la balle au centre du terrain. Les exercices suivants vous aideront à maintenir votre régularité dans les coups difficiles le long de la ligne.

ci-dessus **Si**, comme plusieurs, vous avez du mal à frapper un revers le long de la ligne, un bon adversaire saura attaquer votre revers et monter au filet.

« Un joueur énergique doit maîtriser le coup le long de la ligne. Le seul moyen d'améliorer ce coup consiste à définir des cibles et à s'y exercer inlassablement. Rappelez-vous qu'il n'est pas nécessaire de frapper sur la ligne, mais le long de la ligne. Accordez-vous une marge d'erreur. »

ALECO PREOVOLOS, entraîneur professionnel de l'USPTA Club de raquette Mt. Tam Larkspur, Californie

REMARQUE DE L'ENTRAÎNEUR

✪ **VARIANTE** ✪

Si vous jouez le plus souvent en double, disposez les cônes dans le couloir et réglez le lance-balles à la diagonale, de manière à tenter de retourner les coups le long de la ligne. Un lob offensif par-dessus la tête du joueur au filet s'avère un autre coup efficace le long de la ligne quand on joue en double. Il vaut toujours mieux établir votre séance d'entraînement en fonction de votre style, de vos limites, et de vos forces et faiblesses.

1

2

EXERCICE

Disposez les cônes à différentes profondeurs par rapport à la ligne de côté. Vous devez recevoir les balles depuis le centre du terrain à la ligne de fond ; servez-vous d'un lance-balles ou demandez à votre partenaire de vous les envoyer. Essayez d'exécuter des revers le long de la ligne (1). Faites preuve de régularité le plus possible. Essayez de frapper la balle à diverses profondeurs afin de maîtriser le coup dans cette situation. Quand on joue en simple, un coup de débordement doit seulement dépasser le joueur au filet. Il n'est pas nécessaire que la balle atterrisse sur la ligne de fond. Toutefois, si votre adversaire se trouve sur la ligne de fond et qu'une ouverture est dégagée, ou si vous tentez un revers plus faible, vous devez prendre une cible plus profonde lorsque vous vous exercez au coup le long de la ligne.

Vous pourriez augmenter le degré de difficulté de cet exercice en tentant le coup le long de la ligne en courant. Éloignez-vous simplement de l'endroit d'où la balle vous parviendra. Refaites l'exercice sur le côté du revers.

▼ **DÉTECTION DES FAUTES** ▼

Les joueurs qui tentent un revers sur la ligne commettent souvent la faute de toucher la balle trop loin devant eux. En général, cela s'explique parce qu'ils ne ramènent pas suffisamment les épaules vers l'arrière et parce qu'ils sont trop impatients de frapper la balle. Efforcez-vous d'être vite en position de retour et attendez jusqu'à la dernière seconde pour frapper la balle. Terminez votre élan tête inclinée et exercez une torsion des épaules en direction de la cible, plutôt que de côté.

CIBLES DE VOLÉE EN PROFONDEUR

Lorsque vous jouez à proximité de la ligne de service, de nombreuses balles atterrissent à vos pieds qu'il est très difficile de retourner efficacement. Souvent les joueurs qui tentent de renvoyer ce coup se montrent trop énergiques. Le bon choix de jeu consisterait à maîtriser ce coup cn l'expédiant en sûreté dans la zone la plus profonde de l'adversaire. Il s'agit d'un coup important parce que, avant toute chose, c'est exactement celui que tente votre adversaire, soit envoyer la balle à vos pieds. Vous devez savoir comment vous y prendre (voir la page 34) et dans quelle direction frapper. Ensuite, si vous frappez une volée qui ne va pas assez loin, que vous jouiez en simple ou en double, votre adversaire frappera facilement un coup de débordement. Vous ne pourrez améliorer votre volée basse au demi-court, laquelle est fréquente dans les doubles, qu'à la condition d'y consacrer beaucoup de temps et d'effort. Les exercices simples et les schémas qui suivent montrent comment frapper ce coup avec efficacité et expliquent sa raison d'être.

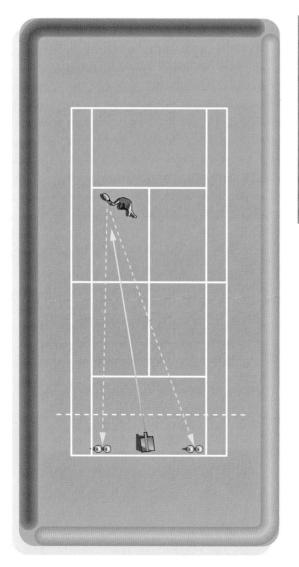

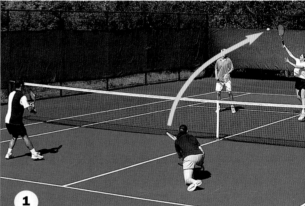

EXERCICE EN DOUBLE
Si votre partenaire envoie par inadvertance une balle facile au joueur adverse, vous devenez alors une cible de choix. Voici pourquoi la balle sera renvoyée à vos pieds : si vous pouvez la retourner, elle risque de monter droit dans les airs et votre adversaire n'aura aucune difficulté à la renvoyer (1).

à gauche Cet exercice est exécuté en double à l'intérieur de la ligne de service. Lorsque vous jouerez en double, vous vous trouverez dans cette zone du terrain au début du point si votre partenaire est receveur.

✪ VARIANTE ✪

On exécute souvent une volée basse au demi-court dans un simple alors qu'un joueur déploie une stratégie service-volée. La plupart des joueurs de double de calibre supérieur utilisent également cette stratégie. Toutefois, lorsque vous avez atteint une bonne position à proximité du filet, il peut s'avérer difficile de faire des volées basses en direction de la ligne de fond. Alors effectuez une variante de l'exercice en vous rapprochant du filet et demandez à votre partenaire de vous envoyer des balles qui survolent à peine le filet.

2

Exercez-vous à retourner les balles loin du joueur au filet en disposant des cônes en deux positions d'angle à la ligne de fond. Déterminez une cible profonde en posant une corde au sol qui traverse le terrain à mi-chemin entre la ligne de service et la ligne de fond (2). Le lance-balles (ou un partenaire qui vous enverra les balles) devrait se trouver près de la ligne de fond, réglé à diverses positions. Réglez l'appareil pour qu'il lance les balles suffisamment bas pour que vous puissiez frapper les volées sous le filet. Étant donné que les balles proviennent de la ligne de fond, vous aurez assez de temps pour adopter la posture propre aux volées en faible altitude.

EXERCICE EN SIMPLE

Cet exercice porte sur les positions de simple sur le terrain. Exercez-vous à frapper des balles sur le côté du revers de votre éventuel adversaire. L'exemple suivant montre une cible de revers contre un adversaire droitier. Il s'agit d'ordinaire d'un coup plus faible, lequel vous permettra de tuer le prochain coup sur le terrain ouvert.

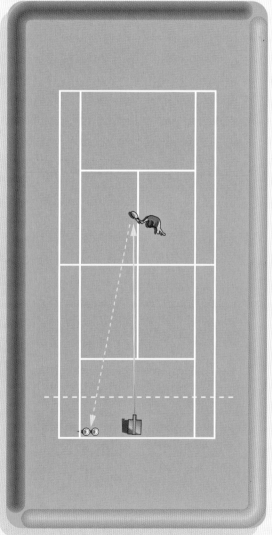

ci-dessus **Cibler** un coin profond dans un simple obligera votre adversaire à se déplacer à l'extérieur du terrain et dégagera une ouverture pour votre prochaine volée.

CIBLES DE VOLÉE EN ANGLE

Lorsque vous vous trouvez à proximité du filet en bonne position pour exécuter une volée, soit à mi-chemin entre la ligne de service et le filet, vous anticipez un renvoi facile de votre adversaire que vous pourrez intercepter et renvoyer à la volée pour marquer un point. Cela semble facile ? Voilà exactement ce que vous souhaitez : une volée imparable. La chose s'énonce plus facilement qu'elle ne s'exécute. Ici, la concentration s'impose. L'angoisse fait souvent perdre cette concentration. Lorsque vous recevez ce genre de balle, vous devez marquer le point sans tarder pour que l'occasion ne se présente plus à votre adversaire. Vous devez donc vous exercer à frapper la balle pour la diriger là où vous le voulez, même lorsque le coup semble facile.

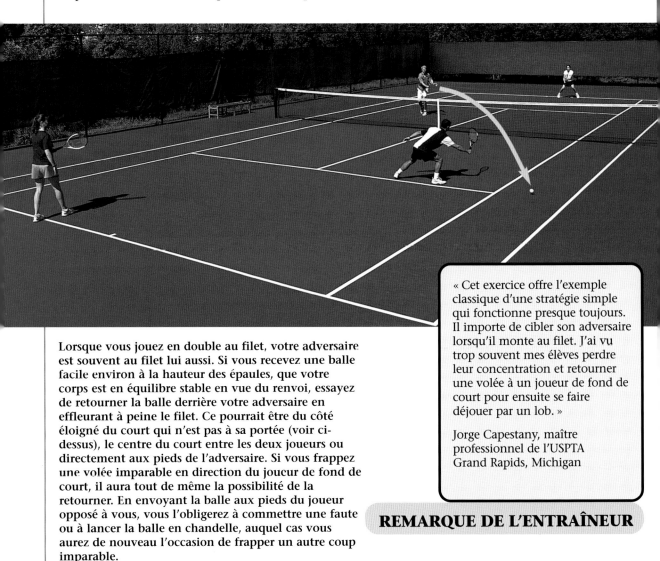

Lorsque vous jouez en double au filet, votre adversaire est souvent au filet lui aussi. Si vous recevez une balle facile environ à la hauteur des épaules, que votre corps est en équilibre stable en vue du renvoi, essayez de retourner la balle derrière votre adversaire en effleurant à peine le filet. Ce pourrait être du côté éloigné du court qui n'est pas à sa portée (voir ci-dessus), le centre du court entre les deux joueurs ou directement aux pieds de l'adversaire. Si vous frappez une volée imparable en direction du joueur de fond de court, il aura tout de même la possibilité de la retourner. En envoyant la balle aux pieds du joueur opposé à vous, vous l'obligerez à commettre une faute ou à lancer la balle en chandelle, auquel cas vous aurez de nouveau l'occasion de frapper un autre coup imparable.

« Cet exercice offre l'exemple classique d'une stratégie simple qui fonctionne presque toujours. Il importe de cibler son adversaire lorsqu'il monte au filet. J'ai vu trop souvent mes élèves perdre leur concentration et retourner une volée à un joueur de fond de court pour ensuite se faire déjouer par un lob. »

Jorge Capestany, maître professionnel de l'USPTA Grand Rapids, Michigan

REMARQUE DE L'ENTRAÎNEUR

▲ COUP DE MAÎTRE ▲

Lorsque vous jouez une volée, plus vous êtes près du filet, plus l'angle qui dégage votre zone de cible est obtus. Essayez différents angles en modifiant votre position sur le court lorsque vous vous exercez à la volée dans le carré de service.

EXERCICE

Le schéma de droite illustre les trois cibles sur lesquelles s'exercer à la volée facilement imparable. Installez le lance-balles ou demandez à votre partenaire de vous lancer les balles depuis la ligne de fond directement face à vous. Exercez-vous aux volées de revers et de coup droit en direction de ces cibles à partir du demi-court droit et du demi-court gauche. Vous découvrirez en vous exerçant à ces variantes qu'il est parfois difficile de modifier la trajectoire de la balle pour qu'elle atteigne la cible.

1   **2**

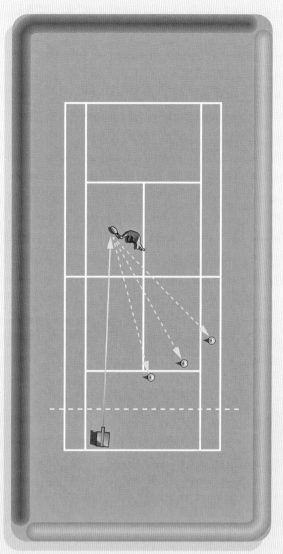

ci-dessus **Dans une partie de double, on peut frapper des volées gagnantes derrière le joueur adverse à partir de cibles en angle.**

Si vous êtes gaucher et si vous êtes sur le demi-court droit (1), vous aurez du mal à faire une volée de coup droit en direction des trois cibles sur la gauche. Pour y parvenir, vous devez faire pivoter les épaules de 45 degrés en cours de préparation et puis attendre un peu plus que d'ordinaire avant d'établir le contact avec la balle. Comme vous pouvez le constater, il faut également vous exercer à cibler des zones parce que, du coup, la technique s'en trouve modifiée. Qui plus est, si une balle progresse en direction de votre corps alors que vous êtes sur le demi-court droit, vous feriez mieux de vite vous déplacer vers la gauche afin d'y exécuter une volée de revers en direction du côté gauche (2). La volée de revers vers la gauche est un geste plus naturel chez un gaucher.

L'inverse est vrai pour les droitiers. L'inverse vaut également sur le demi-court gauche. Si vous êtes gaucher et que vous tentez de renvoyer la balle qui progresse directement vers vous en direction des cibles à la droite, vous feriez mieux de vous déplacer vers la droite et de dégager une volée de coup droit. Les droitiers feront ici l'inverse.

CIBLES DE SERVICE

Il y a quelques années, au cours d'un congrès auquel je prenais part, j'ai eu le privilège d'entendre le légendaire tennisman Stan Smith aborder la question du service. Selon lui, la plus importante caractéristique du service demeure la variété de son exécution, soit selon des vitesses, des rotations, des positions à la ligne de fond et des cibles différentes. Il faut du temps avant de maîtriser les différentes vitesses et rotations de la balle, ce qui n'est pas le cas des positions à la ligne de fond et des cibles. Si vous vous exercez un tant soit peu à cibler votre service, vous devriez acquérir l'assurance nécessaire pour faire le service opportun au tournant décisif d'un match. Si vous vous exercez à servir seulement sur la moitié du carré de service, vous pourrez peut-être éliminer le retour de service en coup droit de votre adversaire en frappant la balle sur le côté du revers. De plus, si vous prenez l'habitude de servir sur la moitié du carré de service, imaginez à quel point il vous paraîtra grand lorsque vous tenterez d'envoyer la balle au deuxième service. En variant vos services, vous déstabiliserez l'adversaire, qui devra deviner quelle genre de balle vous allez lui envoyer. Soyons honnêtes, la plupart d'entre nous ne frappons pas les balles à 160 km/h (100 m/h). Si un joueur ne compte à son actif qu'un seul service qui est efficace, tôt ou tard son adversaire modifiera son jeu pour prévoir les retours.

Les joueurs professionnels s'adonnent communément à l'exercice présenté ici. Toutefois, aucun exercice n'est en soi magique. Les professionnels ne pratiquent pas d'exercices secrets connus d'eux seuls. Le seul secret réside dans le temps qu'ils consacrent aux exercices préparatoires.

▲ COUP DE MAÎTRE ▲

Si vous avez du mal à imprimer de l'élan à votre service, vous n'êtes pas le seul. Pour pallier cela, exécutez votre premier service le plus près possible de la ligne de service. Ainsi, la balle rebondira plus loin sur le court et votre adversaire sera moins en mesure d'écraser la balle lors du retour de service. Si le premier service est long, vous avez droit à un deuxième.

EXERCICE

Disposez trois cônes dans le carré de service où vous visez. À défaut de cônes, empilez quatre ou cinq balles. Exercez-vous à servir à l'intérieur de la zone des cibles à partir de différents endroits sur la ligne de fond. Ne croyez pas que vous atteindrez les cibles à tout coup. Le but de l'exercice consiste seulement à envoyer la balle dans la zone des cibles. Vous pourriez modifier l'exercice en traçant à l'aide d'une corde une zone au centre du carré de service et viser chacune des moitiés du carré.

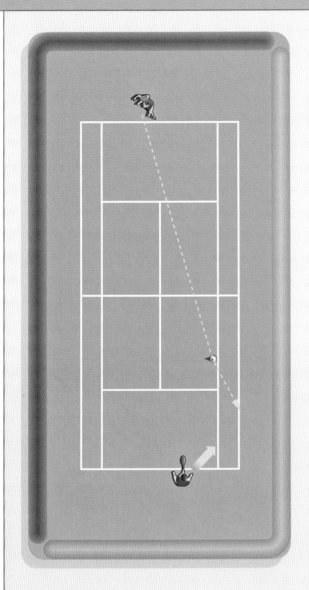

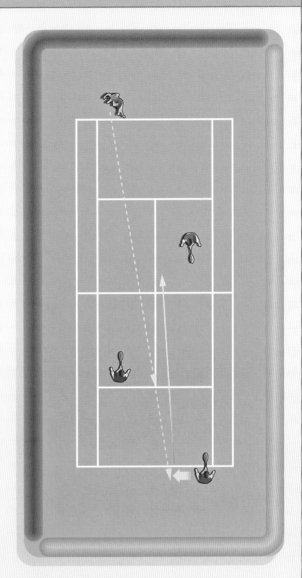

ci-dessus **Une cible large est utile dans un double car elle élargit le court.**

ci-dessus **Cibler le T central fait en sorte que la balle reste au centre du court et permet à votre partenaire au filet d'attendre un retour au centre du court.**

STRATÉGIE

Nous traiterons ici des raisons pour lesquelles on exécute le service sur les trois cibles du carré de service. La première cible au programme est la cible large en direction du couloir. Elle est utile tant dans les simples que dans les doubles, mais elle est plus efficace dans les simples car elle élargit le court. Elle dégage suffisamment d'espace pour que le coup d'envoi soit suivi d'une volée ou d'un coup au sol gagnant (voir ci-dessus).

Le schéma ci-dessus illustre le service à partir du T central, où il s'avère efficace contre le revers de l'adversaire. Il est aussi efficace dans un simple que dans un double, mais plus particulièrement dans un double parce qu'il renvoie la balle au centre du court. Cela prive l'adversaire d'un bon angle à partir duquel tenter un coup en direction de l'un ou l'autre des couloirs. En plus, il offre à votre partenaire au filet une meilleure occasion de toucher la balle car elle est susceptible de revenir au centre du court.

1

La troisième zone au programme est la cible au centre du carré de service. Ce service comporte la marge d'erreur la plus élevée qui soit mais il peut s'avérer efficace si l'adversaire éprouve de la difficulté à se placer devant une balle qui lui parvient directement.

2

Souvent les joueurs de grande taille peuvent retourner une balle large dans le carré de service, mais ils ont parfois du mal à intercepter une balle qui progresse droit vers eux. Il faut imprimer une bonne vitesse au service dans cette zone (1 et 2).

Les joueurs commettent fréquemment une même erreur lorsqu'ils sont juste à l'intérieur de la ligne de fond et qu'ils tentent une volée alors que vraisemblablement la balle atterrira à l'extérieur du court. Aussi, lorsque vous vous exercez à ce service sans qu'un autre joueur retourne la balle, vous pouvez facilement acquérir la vilaine habitude d'achever le service à l'intérieur du court sans reculer derrière la ligne de fond.

1

Lorsque vous vous exercez à ce service, il faut donner une légère dynamique avant à l'ensemble du mouvement. Il porte en général la poursuite de mouvement à l'intérieur de la ligne de fond (1).

2

Si vous ne voulez pas faire un service et une volée, reculez vite d'un pas afin de vous trouver derrière la ligne de fond en position de départ. Vous pourrez ainsi bien reprendre position si votre adversaire retourne le service en profondeur vers votre ligne de fond (2).

ci-dessus Le combat des titans. Jim Courier contre Pete Sampras lors des Internationaux de France en 1994. La photo montre Courier qui effectue un retour devant Sampras dont le service à plus de 160 km/h (100 m/h) s'est avéré une arme implacable sur le circuit international.

CHAPITRE TROIS

EXERCICES DE COHÉSION

Bien sûr, il est possible d'acquérir davantage de régularité et de précision dans les gestes en s'exerçant en compagnie d'un partenaire qui nous renvoie la balle. Déterminez à l'avance une séquence de services et de retours entre votre partenaire et vous afin d'établir un rythme de mouvement avec la balle. Aussi, grâce à ce type d'exercice, vous acquerrez l'endurance nécessaire pour rester en jeu plus longtemps. Ainsi, vous serez plus patient au cours des matchs et vous attendrez le moment le plus favorable pour obtenir le contrôle du jeu.

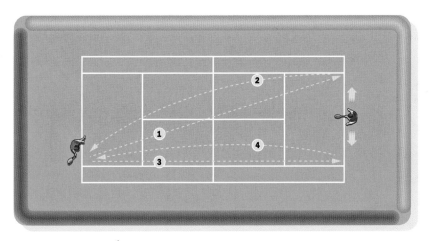

Échange de coups au sol (voir la page 76)

La section suivante porte sur les échanges de volées et présente les exercices relatifs aux volées et demi-volées de riposte rapide, lesquelles sont fréquentes lorsqu'on joue une partie de double. On néglige souvent ce type de situation dans les séances d'entraînement. Il faut doser les différents exercices pour parfaire son jeu. Les exercices présentés dans ce chapitre vous rendront plus adroit sur le terrain.

ÉCHANGES DE COUPS AU SOL

Lorsque vous jouez une partie de simple, vous devez tenter d'imprimer une certaine régularité à vos coups. Si vous êtes à l'aise dans vos mouvements et en équilibre stable au long de la partie, il y a fort à parier que votre adversaire commettra une faute avant vous. Si vous êtes confiant à la ligne de fond, vous trouverez votre rythme, vous vous sentirez emporté par le mouvement et vous aurez bientôt le sentiment de pouvoir retourner toutes les balles de votre adversaire. Les exercices suivants et leurs variantes vous aideront à développer la régularité de votre jeu en compagnie d'un partenaire.

EXERCICE 1

Pour cet exercice, il suffit d'échanger la balle en croisé avec votre partenaire (voir ci-dessus), soit d'un coin du court à l'autre ou à la diagonale. L'un des joueurs lance l'échange d'un coin du court en faisant une amortie à l'intention de son partenaire, lequel doit se trouver légèrement vers le coin opposé. Si les deux joueurs sont droitiers, ils échangeront surtout des coups droits. Cet échange en croisé est utile pour plusieurs raisons. En premier lieu, il s'agit d'un coup plus sûr. La balle risque donc de se retrouver sur le court, car sa diagonale est supérieure à sa longueur et elle survole le filet en son endroit le plus lâche. Vous découvrirez également qu'en imprimant des angles à vos coups au sol, vous obligerez votre adversaire à se déplacer et, peut-être, à dégager une zone libre où tenter un coup gagnant. En dernier lieu, vous frapperez la balle en croisé de la ligne de fond dans presque toutes les parties en double. Votre partenaire et vous pouvez vous exercer au mouvement de double en frappant des coups au sol en croisé qui tiennent compte des couloirs. L'exercice ne vise pas à frapper des coups gagnants mais à prolonger l'échange pendant que se met en place la mécanique de l'élan et des jeux de pieds. On variera cet exercice en changeant de coin et en échangeant des coups de revers en croisé.

ci-dessous Ici, les deux joueurs échangent des coups droits croisés. Par la suite, il faut varier l'exercice en échangeant des coups de revers croisés.

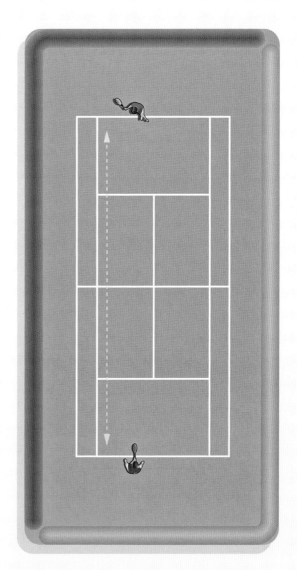

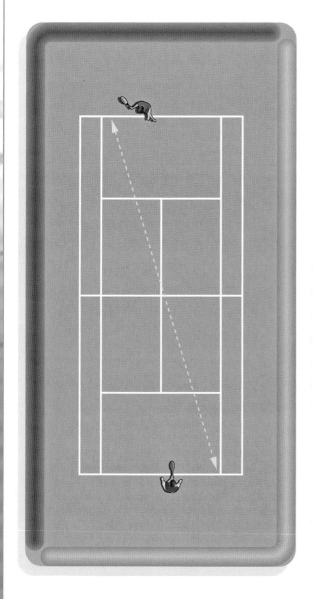

EXERCICE 2

Pour cet exercice, chacun des joueurs prend place d'un côté du court tout en échangeant des balles à la ligne de fond (voir ci-dessus). Ce coup est plus difficile à réussir car le filet est ainsi plus haut et le terrain plus court. D'ordinaire, on ne risque pas ce coup à moins de vouloir modifier la direction de l'échange ou de viser vers une ouverture. Mais il s'agit d'un coup névralgique après que l'adversaire est monté au filet et que vous tentez un coup de débordement derrière lui. Ce coup doit donc faire partie de votre arsenal. Afin d'accroître la difficulté de l'exercice, essayez de frapper chacune des balles dans le couloir tout en poursuivant l'échange avec votre partenaire.

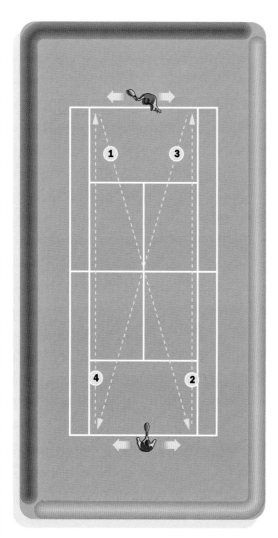

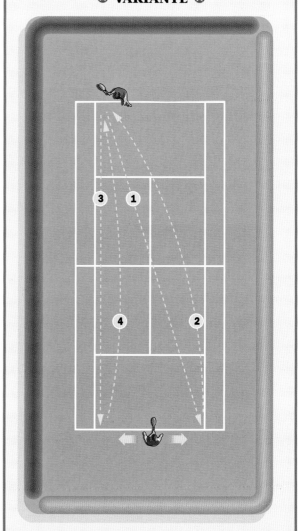

☆ VARIANTE ☆

EXERCICE 3

Cet exercice associe les deux précédents, c.-à-d. les coups en croisé le long de la ligne de fond. Un joueur essaie de frapper tous ses coups en croisé alors que l'autre lui renvoie toutes les balles depuis la ligne de fond. Cette continuation favorise le mouvement à la ligne de fond grâce à quoi les joueurs améliorent la technique de leur jeu de pieds et leur retour de balle en mouvement. Vous serez probablement essoufflé après cet exercice.

page ci-contre L'étoile russe Yuegeny Kafelnikov a fait sa marque lors des Internationaux de France grâce à la puissance de ses coups droits au sol.

Une variante du dernier exercice permettra à au moins un des joueurs de respirer. L'un des joueurs frappe toutes ses balles d'un coin vers l'autre pour obliger son partenaire à se déplacer le long de la ligne de fond ; l'autre renvoie chaque fois la balle au même endroit. Cette variante de l'exercice favorise la régularité du placement en divers endroits du court. Le joueur qui ne bouge pas devrait modifier sa position de départ de temps à autre. Lorsque l'un des joueurs devient fatigué, inversez les rôles.

ÉCHANGE DE VOLÉES

Nombre de joueurs amateurs que je rencontre sur les courts consacrent la majeure partie de leur temps à frapper depuis la ligne de fond. Bien qu'il ne faille en rien négliger les coups au sol, les volées importent tout autant, en particulier lorsqu'on joue plus fréquemment en double. Il existe plusieurs types de volées : la volée basse, haute, coupée, amortie, frappée pour n'en énumérer que quelques-unes. Celle dont

l'exécution est la plus difficile demeure la volée déroutante qui parvient directement au joueur.

1　　　　　　　　　　　　　　　**2**

EXERCICE

Il existe plusieurs manières de négocier ces différentes volées, bien que le réflexe initial soit de s'écarter de sa trajectoire. Certains coups vous paraîtront bizarres même si vous les rendez comme il se doit (1, 2, 3 et 4). Vous devrez échanger des volées avec un partenaire pour être en mesure de saisir leurs différences sur-le-champ

et pour bouger votre corps en conséquence. Les exercices qui suivent devraient vous procurer davantage d'assurance lorsque vous jouerez au filet. Votre partenaire et vous-même devez vous placez à quelque 1,5 m (5 pi) à l'intérieur de la ligne de service. Contrôlez l'échange en frappant la balle avec douceur, de sorte que votre partenaire ait peu à se déplacer pour retourner le

★ **VARIANTE** ★
Votre partenaire et vous pourriez varier l'exercice simplement en changeant de position sur le court. Faites-vous face à la diagonale dans les carrés de service opposés. Cela rendra mieux un schème de double au filet. Exercez-vous à viser aux pieds de l'adversaire pour le contraindre à lancer la balle en chandelle ; ainsi vous pourrez exécuter une volée plus énergique à partir d'un point de contact plus élevé.

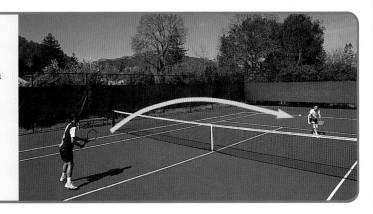

3

4

coup. Autrement dit, essayez de viser le même endroit à chaque coup. C'est à la hauteur des épaules que se trouve le meilleur point de contact d'une volée. En vous exerçant à envoyer la balle chaque fois au même endroit, vous acquerrez de bonnes habitudes, de la régularité et la maîtrise de vos mouvements. Avant d'entreprendre l'exercice, convenez de pratiquer une volée de coup droit devant le droit de votre partenaire ; variez ensuite en échangeant des revers et, enfin, alternez volée de coup droit et volée de revers. Augmentez le degré de difficulté à mesure que vous contrôlez mieux la balle. Éventuellement, vous accroîtrez votre vitesse et vous saurez mieux réagir malgré l'impression d'étrangeté que vous inspirent ces mouvements à proximité du corps.

VARIANTE EN ZONE DE VULNÉRABILITÉ

La zone de vulnérabilité s'étend entre la ligne de service et la ligne de fond où atterrissent beaucoup de balles que vous devrez inévitablement retourner à partir de cet endroit. Jouez à cette position afin de vous y exercer. Quand on se trouve en zone de vulnérabilité, la balle atterrit à nos pieds et il s'avère alors très difficile de pratiquer une volée. Souvent vous devrez faire une demi-volée en zone de vulnérabilité (voir la page 54). Prenez tous deux place dans vos zones de vulnérabilité respectives et échangez des volées. Exercez-vous aux volées hautes en cet endroit jusqu'à ce que vous maîtrisiez suffisamment la balle pour effectuer une percée en profondeur en zone adverse et ainsi vous rapprocher du filet. Cette variante et celle qui suit constituent les seules manières de pratiquer ce mouvement et de comprendre son mécanisme.

VARIANTE ENTRE LA ZONE DE VULNÉRABILITÉ ET LA LIGNE DE FOND

À présent, votre partenaire retourne à la ligne de fond alors que vous demeurez en zone de vulnérabilité. Essayez de retourner toutes les balles à environ 1 m (3 pi) de la ligne de fond. Dans le cadre d'une progression, avancez après avoir effectué votre première volée en zone de vulnérabilité, de sorte que vous serez plus près du filet lorsque l'échange prendra fin. Cette mise en situation exige une volée d'approche semblable à celle qu'impose un enchaînement service-volée.

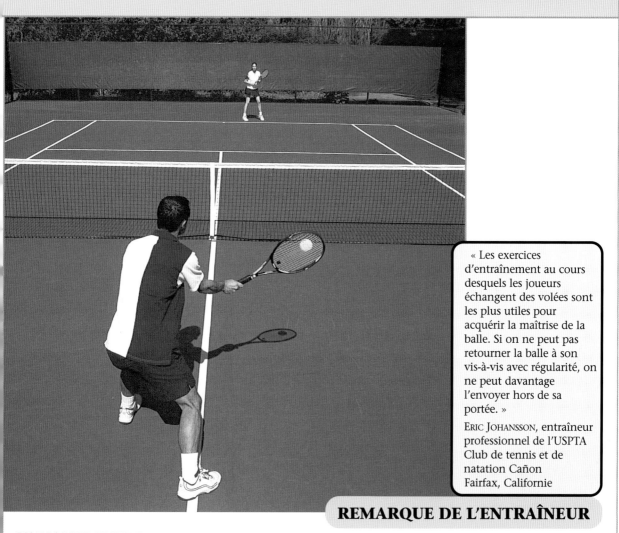

REMARQUE DE L'ENTRAÎNEUR

VARIANTE ENTRE LE FILET ET LA LIGNE DE FOND

Pour la dernière variante, il y a un joueur au filet et un autre à la ligne de fond, ainsi que cela survient souvent dans les parties de simple et de double. L'objectif ici encore est d'acquérir un bon contrôle de la balle et la régularité des mouvements. Depuis la ligne de fond, votre partenaire lance pendant quelque temps des balles sur votre demi-court droit, après quoi il vise le demi-court gauche. Vous établirez ainsi de bonnes habitudes de base. Ensuite, augmentez le degré de difficulté en lui demandant de viser à son gré l'un ou l'autre demi-court. Éventuellement, vous pourrez déterminer à l'avance le schème des coups ; par exemple demandez à votre partenaire de faire depuis la ligne de fond une séquence de volées basses pour que vous puissiez vous exercer à retourner la balle profondément en zone adverse,

après quoi vous lui demanderez de frapper une balle plus haute pour vous essayer à la volée en angle. Après avoir retourné une première volée basse de la ligne de service, poussez l'exercice jusqu'à vous rapprocher du filet pour y faire une autre volée en direction de votre partenaire, qui vous enverra un lob facile que vous lui retournerez d'un smash par-dessus la tête.

Comme on peut le constater, les variantes et les associations d'exercices sont nombreuses. S'entraîner soi-même sous-entend que l'on détermine le degré de difficulté et la durée d'un exercice afin de maintenir l'équilibre nécessaire à son apprentissage.

COUP DÉVASTATEUR

Voici le coup imparable par excellence ! La balle se trouve à proximité du filet après avoir rebondi doucement au sol. Vous en salivez d'avance. C'est le coup le plus facile à réussir. Alors comment expliquer que tant de joueurs le ratent si souvent ? Les chances de rater ce coup semblent minces, pourtant cela se voit. La balle s'enfonce dans le filet ou vous la retournez trop légèrement ou encore vous l'expédiez dans la clôture. De nouveau, vous devez pratiquer ce coup pour acquérir de la régularité. D'entrée de jeu, précisons de quel type de coup il s'agit. En général, il s'agit d'un coup faible de votre adversaire qui frôle le filet, rebondit assez haut mais pas suffisamment pour que vous puissiez smasher la balle par-dessus sa tête.

Ne commettez pas l'erreur de laisser la balle retomber trop bas après un rebond, car vous ne pourriez pas la frapper avec énergie. Vous devez vite vous déplacer afin de la frapper à la hauteur de la tête ou des épaules. Ainsi, vous pourrez imprimer de la force au coup tout en conservant une bonne marge d'erreur au-dessus du filet. L'exercice suivant vous habituera à porter un coup dévastateur en un rien de temps.

EXERCICE
Prenez place derrière la ligne de service en un point quelque peu décalé par rapport à la marque centrale. Votre partenaire se trouve à la ligne de fond dans le coin opposé du court. Il commence l'exercice en frappant une balle douce et légèrement bouclée à peine au-dessus du filet. Courez à sa rencontre et donnez-lui un coup dévastateur en direction du coin où se trouve votre partenaire. Ainsi, il pourra s'exercer aux retours de balles. Il faut retourner les balles de la même manière, c.-à-d. en douceur, sur une courte distance et plutôt en hauteur. Souvent les balles retournées auront un effet arrière. Vous apprendrez ainsi à négocier un effet arrière après un rebond. Corrigez votre posture et stabilisez votre équilibre pour être en mesure d'imprimer à la balle un élan suffisamment puissant tout en conservant la maîtrise du coup.
Réglez votre élan de sorte que le geste ne soit pas amorcé à l'arrière sous le niveau de la balle. La poussée vers l'avant doit se dessiner environ au niveau du point de contact (3). L'élan avant doit faire en sorte que la surface du tamis racle la face supérieure de la balle (4). Ce geste entraîne l'effet nécessaire pour que la balle ne vole pas trop loin. On exécute ce coup avec une prise eastern de coup droit ou semi-western. La prise marteau est déconseillée. Vous devrez répéter votre élan préparatoire en fonction du point de contact jusqu'à ce que vous ayez bien saisi le principe.
Le principe d'un plongeon avant précédant l'élan est facile à comprendre. On commet souvent l'erreur de trop s'approcher de la balle et plusieurs joueurs évaluent mal le rebond et dépassent la balle. Si vous vous déplacez de la ligne de fond, efforcez-vous de ralentir avant de trop vous approcher de la balle, de sorte que vous ayez la maîtrise de votre geste préparatoire (1 et 2), après quoi vous serez en mesure de plonger devant avec suffisamment de force d'impulsion et d'équilibre pour bien frapper la balle (3 et 4).

EXERCICE D'ENTRAÎNEMENT

Dans la plupart des cas, vous disposerez d'assez de temps pour aller vous placer pour frapper un coup droit. Vous aurez du mal à exécuter ce coup à l'aide d'un revers à une main à effet accéléré car cela exige davantage de temps afin de préparer ses épaules, d'autant qu'il est également difficile de faire passer le tamis au-dessus de la balle lorsque le point de contact est aussi élevé. Un revers à deux mains, par contre, vous sera plus utile selon cette même logique. Afin de varier, changez de position sur le court et ciblez d'autres zones.

▲ COUP DE MAÎTRE ▲

En cours d'exercice, vous serez tenté de progresser sur le court et de renvoyer la balle d'une volée. Souvent au cours d'un match, il s'agit de la chose indiquée : exécuter une volée dans l'espoir de marquer un point. Cependant, afin de tirer profit de l'exercice, laissez la balle rebondir aussi souvent que possible. Ainsi, vous pourrez travailler le jeu de pieds qui vous permet de vous placer pour amorcer l'élan préparatoire.

à droite La star étatsunienne Serena Williams, championne du monde du double féminin à Wimbledon en 2000, en compagnie de sa sœur Venus. L'étonnante puissance qu'elle dégage derrière la balle lui a valu la médaille d'or aux Jeux olympiques de Sydney en 2000.

AMORTIE ET POURSUITE

Il existe une stratégie propre au tennis qui exaspère plus d'un joueur : votre adversaire frappe une balle courte pour que vous ayez à vous précipiter à proximité du filet pour la capter ; il vous envoie la balle suivante par-dessus la tête et vous devez courir à la ligne de fond cette fois. Après quelques-uns de ces jeux, vous serez hors d'haleine. Il s'agit surtout d'une stratégie de jeu propre aux amateurs. Les joueurs de calibre professionnel y ont parfois recours mais la plupart sont capables de se mouvoir rapidement en présence d'une balle courte, en particulier lorsqu'ils la voient venir. De plus, la plupart des joueurs professionnels peuvent retourner un lob court à l'aide d'un smash gagnant. Tous les joueurs ne sont cependant pas en mesure de frapper une balle à la fois courte et profonde. Cependant, si vous vous mesurez à un joueur qui maîtrise bien cette stratégie, vous saurez comment l'affronter.

Par contre, si vous parvenez à maîtriser l'association entre l'amortie et le lob, vous aussi exaspérerez votre adversaire. L'exercice suivant vous aidera à perfectionner cette stratégie et à vous en défendre.

REMARQUE DE L'ENTRAÎNEUR

« La populaire stratégie de l'amortie doublée d'un lob vous permettra bel et bien de remporter le jeu et d'exténuer votre adversaire. De plus, vous courez la chance de remporter le jeu suivant si vous pouvez vite servir la balle alors que votre adversaire tente de reprendre son souffle. »

JOE DINOFFER
Maître professionnel de l'USPTA
Dallas, Texas

1   **2**   **3**

EXERCICE

Au départ, les deux joueurs se trouvent à la ligne de fond. L'un d'eux lance les balles ; débute alors l'échange depuis la ligne de fond. Quelque part au cours de l'échange, l'un des joueurs tente une amortie que son adversaire n'aura pas de mal à intercepter. Il effectue ensuite un retour à la ligne de fond que le receveur retourne d'un lob par-dessus la tête de son opposant (1, 2 et 3). De nouveau, puisqu'il s'agit d'un exercice de cohésion, le joueur doit lober son adversaire de telle sorte que celui-ci puisse s'entraîner à se précipiter à la ligne de fond afin de retourner la balle et soit jouer pour le point, soit reprendre la séquence amortie et poursuite. À mesure que vous vous familiarisez tous deux avec l'exercice, vous pouvez le modifier de manière à le rendre plus compétitif.

1   **2**   **3**

ADRESSE

Il faut vous rappeler deux choses lorsque vous courez afin de récupérer un lob. Premièrement, courez toujours plus loin que l'endroit où la balle rebondit, en une trajectoire légèrement décentrée par rapport à ce point. Souvent, les joueurs ne se rendent pas compte de la distance que parcourra la balle après un rebond. En courant légèrement à côté de la balle, vous vous accordez une marge de manœuvre suffisante pour amorcer un élan en direction de la balle tout en effectuant une rotation du tronc pour être en meilleure position de retour

(voir le schéma ci-dessous). Deuxièmement, si vous ne rebroussez pas assez vite chemin lorsqu'un lob survole votre tête, vous devrez tourner et courir aussi vite que vous le pourrez sans regarder la balle jusqu'à ce que vous ayez l'impression de l'avoir dépassée ; après quoi, vous repérez la balle des yeux, juste avant de tenter un retour (voir la deuxième photo). *A priori*, cela vous paraîtra difficile mais la difficulté s'estompera avec le temps.

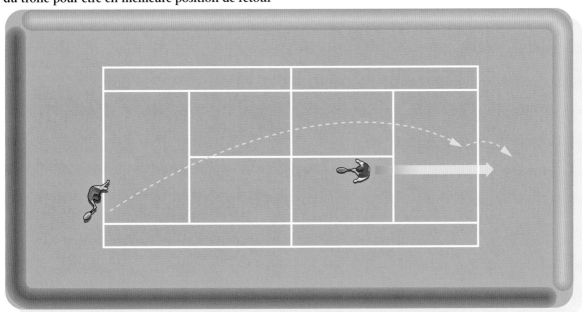

ci-dessus Le large trait jaune montre la direction dans laquelle vous devez courir pour capter un lob qui survole votre tête et pénètre profondément dans le court.

ENCHAÎNEMENT SERVICE-VOLÉE

Si vous aimez jouer au filet et que vous maîtrisez les différentes volées, vous monterez au filet le plus souvent possible. Il y a quatre façons de monter au filet à partir de la ligne de fond. Premièrement, lorsque vous recevez une balle courte sur votre côté du court et que vous vous en rapprochez après un coup d'approche. Deuxièmement, vous pouvez vous approcher du filet lorsque votre adversaire a des ennuis. Vous devez les déceler très tôt et passer à l'action sans tarder. Troisièmement, vous pouvez profiter d'une balle destinée à votre partenaire. Enfin, la quatrième façon de vous approcher du filet consiste à servir la balle et à s'y précipiter aussitôt. Voilà ce qu'on

1

2

EXERCICE

En premier lieu, exercez-vous seul au jeu de pieds propre au service et à la poursuite avant à l'aide d'un panier plein de balles. Lorsque vous maîtriserez ce mouvement, demandez à votre partenaire de retourner vos services de sorte que vous puissiez frapper le coup sans difficulté. La plupart du temps, ce coup sera une volée d'approche ou une demi-volée. Lorsque vous pourrez retourner ce coup avec une certaine régularité, vous terminerez le jeu en compagnie de vos partenaires de simple ou de double. Avec la collaboration de vos partenaires d'entraînement, vous vous ferez une meilleure idée du synchronisme propre au saut appelle l'enchaînement service-volée, qui n'est pas une stratégie facile à maîtriser.

La difficulté tient au coup qui suit le service. Un bon adversaire saura d'emblée qu'il lui faudra retourner le service droit à vos pieds. La chose sera relativement facile parce qu'après le service vous disposerez de suffisamment de temps pour avancer de deux ou trois pas à l'intérieur de la ligne de fond. Si votre service est faible, vous feriez mieux de renoncer à cette stratégie. Toutefois, la pratique aidant, lorsque vous aurez l'habitude de frapper la balle sur le demi-court, vous parviendrez à prendre la position de volée à partir de laquelle vous pourrez retourner une balle facile.

coupé, de la poursuite de la balle après le retour de service et de l'endroit où viser la balle pour obtenir le meilleur résultat au cours d'une partie de simple ou de double.

Le saut coupé vous prépare à vous diriger vers la balle pour le retour de service. D'ordinaire, on saute ainsi en position d'attente après avoir effectué trois pas devant soi à partir de la position de service (1, 2, 3, 4 et 5). Il est essentiel de bien synchroniser un saut coupé ; si vous vous mettez trop vite en position d'attente, vous ne progresserez pas plus avant et vous ne vous approcherez pas suffisamment du filet pour pouvoir exécuter une volée ; par contre, si vous tardez trop à prendre la position d'attente, vous ne pourrez pas vous déplacer en oblique pour intercepter un coup de débordement ou reculer si votre adversaire tente d'envoyer la balle par-dessus votre tête. Vous favoriserez votre progression vers l'avant et vos déplacements sur le court si vous servez la balle en la décentrant quelque peu. Tout de suite après avoir exécuté le mouvement du service, vous continuerez d'avancer en direction de la ligne de service. Vous devrez vous placer en position d'attente juste avant que votre adversaire établisse le contact avec la balle pour que votre corps soit en équilibre (5).

1

2

Lorsque vous aurez frappé la balle au demi-court, il vous faudra encore avancer pour vous retrouver aux abords du filet en meilleure position de volée.

De nouveau, vous devrez sauter en position d'attente alors que votre adversaire touchera la balle.

1

2

Lorsque vous jouerez en double, très souvent vous voudrez envoyer une volée basse au joueur à la ligne de fond plutôt qu'à l'adversaire qui se trouvera au

filet. Observez la séquence de photos pour voir l'enchaînement service-volée au cours d'une partie de double (1, 2, 3 et 4).

▲ COUP DE MAÎTRE ▲

Pour obtenir le résultat escompté lorsque vous utilisez cette stratégie, assurez-vous que le relanceur n'est pas un as du retour de service. Donc, un bon service constitue le premier élément d'une stratégie service-volée efficace. C'est pourquoi un joueur n'effectuera pas un service-volée au cours du deuxième service aussi souvent que lors du premier.

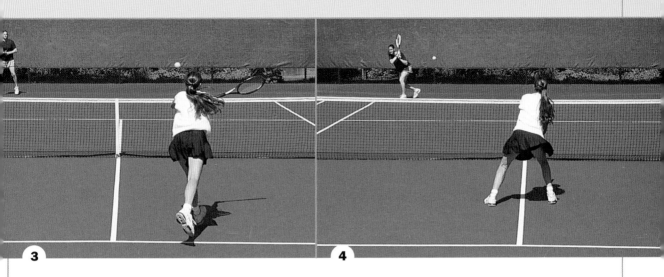

3

4

La difficulté de la stratégie tient à ce que, immédiatement après votre service et votre déplacement, vous devez retourner la plupart des balles qui atterrissent à vos pieds. La balle est susceptible de monter en chandelle après une volée basse et un bon adversaire ne l'ignore pas.

3

4

✪ VARIANTE ✪

Au cours d'une partie de simple, vous devez frapper votre volée au demi-court de manière à mettre votre adversaire dans l'embarras et à lui donner du fil à retordre pour son retour de balle. Vous devrez vous exercer longtemps à cette stratégie avant de pouvoir la mettre en pratique à l'occasion d'un match. Cet exercice vous aidera à y parvenir.

CHAPITRE QUATRE

STRATÉGIES ET MISES EN SITUATION

Les exercices axés sur la stratégie recréent quelques situations propres aux parties de simple ou de double qui sont communes à presque tous les jeux. Il faut faire ces exercices afin de reconnaître les situations qui se présentent au cours d'un match. Plusieurs d'entre eux sont articulés autour des coups ayant de fortes chances de réussite ou peu de chances de réussite. Un coup ayant de fortes chances de réussite en est un qui convient en telle situation pour que la moyenne cumulative demeure en votre faveur. À l'opposé, un coup ayant peu de chances de réussite en est un plutôt difficile, voire que les tentatives en ce sens seront le plus souvent infructueuses.

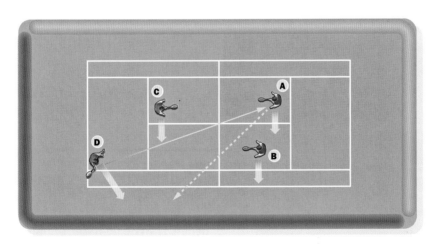

Angles et allées dans une partie de double (voir la page 105)

Nombre de joueurs tentent souvent un coup risqué au mauvais moment, lorsque la situation ne s'y prête pas ou alors que leur position sur le court est peu propice à un tel coup. Lorsque le jeu est serré, il faudra vous montrer plus rusé que votre adversaire pour le remporter.

Lorsque les points sont à égalité ou que vous traînez de l'arrière par un point, ne courez aucun risque. Si la victoire semble assurée à votre adversaire, laissez-le la remporter plutôt que de vous caler en faisant des efforts désespérés pour gagner.

STRATÉGIE DE SIMPLE SUR UN COURT OUVERT

Voici une bonne stratégie en vue d'exténuer l'adversaire à l'occasion d'une partie de simple : il suffit de l'obliger à sans cesse se déplacer d'un coin à l'autre. Ainsi, vous affaiblirez ses retours ou vous dégagerez une zone à l'intérieur de laquelle vous pourrez marquer facilement un point. Vous améliorerez cette stratégie en vous exerçant à frapper en angle plus étroit. Le T latéral vous fera une bonne cible pour contraindre l'adversaire à

bouger davantage. Le T latéral est marqué par l'intersection de la ligne de service et de la ligne de simple. Le schéma ci-dessous illustre l'ouverture de l'angle qui se forme lorsqu'on vise de courtes cibles d'un côté ou de l'autre du terrain. Cet angle s'ouvre davantage à mesure que l'on se rapproche de la ligne latérale opposée et plus encore lorsqu'on progresse légèrement à l'intérieur de la ligne de fond. Il s'agit toutefois d'un coup qui a de

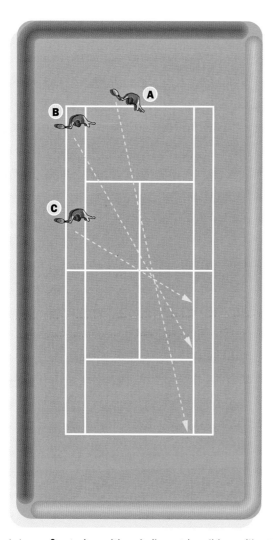

ci-dessus Ces trois positions indiquent les cibles qu'il est possible d'atteindre selon différents angles au cours d'un simple.

1

EXERCICE (sous 1 et 2)
Amorcez l'exercice par un échange de balles depuis la ligne de fond. Un joueur envoie la balle à son partenaire dans le coin opposé du court en prévoyant un rebond. Poursuivez l'échange d'un coin à l'autre du terrain jusqu'à ce que l'un ou l'autre ait le sentiment de pouvoir viser le T latéral. Vous devriez pouvoir tenter le coup après vous être légèrement déplacé d'un côté du terrain, alors que votre position est bien stable et que vous êtes en

faibles chances de réussite et que l'on doit tenter seulement lorsque la possibilité se présente. Sur le schéma, le joueur C se trouve dans la position la plus favorable pour réussir le coup.

Vous ne pouvez frapper la balle avec force, à moins de lui imprimer un bon effet accéléré. De plus, la balle ne peut voler très haut au-dessus du filet, sinon elle sortira du terrain. La marge d'erreur décroît lorsqu'on tente ce coup en

direction d'une cible latérale. Les exercices suivants vous aideront à comprendre à quel moment ce type de coup est indiqué et à améliorer la régularité de vos coups.

2

⊛ VARIANTE ⊛

Afin de varier cet exercice, chaque joueur se place dans l'un des couloirs opposés, à l'intérieur de la ligne de fond, pour échanger des balles en croisé. Les cibles latérales étant plus courtes, il est plus facile d'être en bonne position de tir. Afin de mieux délimiter la zone cible, disposez des cordes au sol de manière à tracer des angles sur le T latéral (voir ci-dessus). Les partenaires d'exercice peuvent compter les balles qui atterrissent à l'intérieur de ces zones. L'exercice peut se pratiquer en double si l'on ajoute le couloir comme zone cible.

mesure de vous propulser vers l'avant pour marquer le coup. Vous ne devriez jamais tenter un coup difficile lorsqu'il vous faut reculer pour frapper la balle. Cet exercice vise à contraindre l'adversaire à sortir du court afin de dégager une large zone à l'intérieur de laquelle vous dirigerez le prochain coup (1 et 2). Cependant, un coup réussi vers le T latéral est souvent un coup gagnant.

STRATÉGIE DE SIMPLE
« À LA PREMIÈRE OCCASION »

Au cours d'une partie de simple, après un service et un retour de service, la plupart des joueurs demeurent à la ligne de fond où ils échangent des balles jusqu'à ce que l'un d'eux commette une faute. Quatre-vingts pour cent des points accumulés dans un match de tennis sont attribuables aux fautes de l'adversaire. Alors, pourquoi ne pas frapper la balle jusqu'à remonter au demi-court ? C'est que, en présence d'un adversaire adroit, vous n'auriez aucune chance. Un bon joueur sait où et quand profiter d'une occasion favorable, laquelle se présente souvent lorsqu'on se déplace à l'intérieur de la ligne de fond pour frapper la balle. Voyez là une occasion à saisir. En retournant la balle de l'intérieur de la ligne de fond, plusieurs choix s'offrent à vous, notamment frapper un coup d'approche pour ensuite monter au filet, tenter une amortie, imprimer davantage de vitesse à votre balle, choisir une cible précise afin d'exploiter une faiblesse de l'adversaire, vous placer de manière à dégager un angle obtus ou aigu pour utiliser une stratégie de simple sur un court découvert (voir la page 92).

ci-dessous Plusieurs possibilités s'offrent au joueur qui progresse à l'intérieur de la ligne de fond pour recevoir la balle.

1. Amortie
2. Augmenter la vitesse
3. Exploiter une faiblesse
4. Coup d'approche
5. Coup en angle obtus
6. Coup en angle aigu

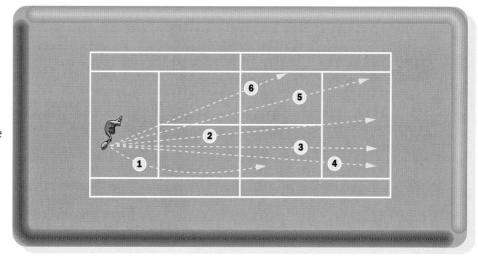

REMARQUE DE L'ENTRAÎNEUR

« Pour hausser d'un cran votre niveau de jeu, vous devez contraindre l'adversaire à commettre des fautes et disposer d'une arme pour marquer des points. Cet exercice est réaliste par rapport à une situation de match. Il enseigne à reconnaître une balle courte et offre le choix entre tenter une balle gagnante ou progresser vers le filet. »

ANGEL LOPEZ
Maître professionnel de l'USPTA, lauréat du prix Pro de l'année en 1995
Club de tennis et de raquette de San Diego
San Diego, Californie

EXERCICE

Les deux joueurs se trouvent à la ligne de fond. Lancez la balle avec un rebond en direction de votre partenaire et amorcez un échange à partir de la ligne de fond. Poursuivez l'échange sur le mode amical jusqu'à ce que l'un de vous deux frappe une balle suffisamment courte pour que l'autre ait à franchir la ligne de fond. L'occasion se présente alors de mettre en œuvre l'une des six possibilités présentées au schéma ci-dessus. Il faut vite décider laquelle vous voulez tenter. Changer d'idée au dernier instant est déconseillé. Cette mise en situation vous enseignera quand passer à l'action et quand poursuivre l'échange de balles ; elle vous permettra également de déterminer lesquelles de ces six possibilités vous sont les plus favorables et en quelles circonstances. Peu à peu, vous verrez lesquelles il vous faut pratiquer isolément au cours de votre entraînement.

STRATÉGIE DE SIMPLE « EN ASCENSION »

Voici une stratégie très efficace lorsque les joueurs se retournent la balle à un rythme rapide : frapper le coup alors qu'elle s'élève en hauteur après un rebond. En conséquence, la balle retourne beaucoup plus vite en terrain adverse. André Agassi a élaboré en grande partie son jeu autour de cette stratégie. La plupart des gens tentent rarement ce jeu parce qu'il s'agit probablement du coup le plus difficile qui soit après un rebond. Lorsqu'elle rebondit du sol, la balle se déplace à vitesse élevée et il est d'autant plus difficile de synchroniser l'élan préparatoire que le rebond est imprévisible. Idéalement, on laisse la balle suivre sa trajectoire après le rebond et on attend qu'elle redescende à la hauteur de la taille avant de la frapper. On dispose ainsi de plus de temps pour se mettre en position et se concentrer sur la balle et l'élan. Ajoutez cet exercice à vos séances d'entraînement et vous comprendrez mieux à quel moment ce coup en ascension est indiqué.

ci-dessus André Agassi frappant un coup en ascension.

EXERCICE

Cet exercice oblige les deux joueurs à frapper la balle en hauteur en leur interdisant de poser le pied à l'extérieur du terrain. Commencez un échange de balles amical en frappant un coup avec rebond. Les deux joueurs se trouvent à l'intérieur de la ligne de fond pendant toute la durée de l'échange. Jouez les points en tentant de contraindre l'adversaire à frapper de l'arrière-court. Vous pouvez monter au filet seulement après avoir franchi la ligne de service pour y frapper la balle.

✪ VARIANTE ✪

Afin de varier, que l'un de vous se déplace à son gré en dehors de la ligne de fond et voyez qui a l'avantage. De prime abord, l'avantage pourra sembler du côté de celui qui se trouve en position avancée jusqu'à ce que le joueur qui se trouve à l'intérieur de la ligne de fond se mette à frapper en ascension.

STRATÉGIE DE SIMPLE « DU COUP DROIT DÉCROISÉ »

Le coup droit décroisé en direction du revers de l'adversaire compte parmi les stratégies les plus courantes dans les parties de simple entre professionnels. Pour y parvenir, il faut frapper une balle basse au centre du court ou quelque peu du côté du revers de l'adversaire, lequel doit alors se mouvoir autour de la balle pour la frapper d'un coup droit. La plupart des joueurs, même parmi les professionnels, estiment que leurs coups droits sont supérieurs à leurs revers au sol. La plupart des lecteurs de cet ouvrage se rangent probablement à leur avis. En conséquence, en se déplaçant autour de la balle pour éviter un revers, on la frappe avec plus de vitesse et de précision. Habituellement, la cible visée est alors le côté du revers de l'adversaire. En vous déplaçant autour de la balle afin de tenter un coup croisé dans la direction opposée à votre mouvement, vous êtes en principe contraint de modifier la trajectoire de votre élan de l'intérieur, ou contre votre corps, vers l'extérieur de votre corps. Voilà pourquoi on parle de coup droit décroisé. Cette stratégie n'est efficace que lorsque vous jouez contre un adversaire qui a le même côté dominant que vous.

Ce coup peut également servir alors que vous vous déplacez pour vous retrouver en position de coup droit décroisé et que votre adversaire tente un revers le long de la ligne. D'ordinaire, cela ne pose aucun problème parce que la plupart des joueurs éprouvent du mal à frapper avec vitesse et précision un revers au sol le long de la ligne. Toutefois, cela peut vous faire passer en position avantageuse en autant que vous récupériez la balle rapidement.

ci-dessus L'héroïne allemande du tennis féminin, Steffi Graf, effectuant un décroisé difficile à réussir.

ci-contre Deux joueurs droitiers qui disputent un match. La logique consiste à contraindre votre adversaire à exécuter son revers le plus faible alors que vous prenez place de votre côté du court en vue d'un coup droit. Lorsque vous enclenchez cette stratégie, vous devez prévoir votre position de récupération un peu plus loin du centre du court pour que la balle vous parvienne du côté de votre coup droit. Continuez à frapper des coups droits en direction du coin opposé, du côté du revers de votre adversaire, jusqu'à ce qu'une ouverture suffisante soit dégagée du côté opposé du court pour tenter un coup gagnant.

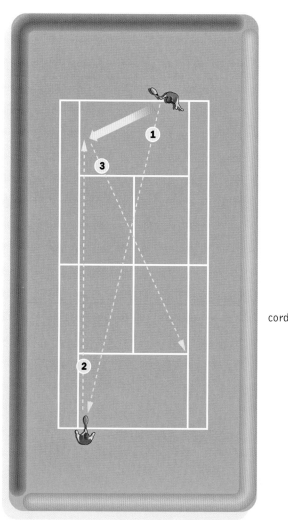

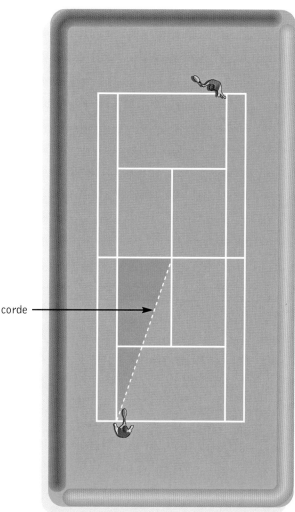

corde →

ci-dessus En vous déplaçant du même côté du court que votre adversaire, vous disposez à présent d'un angle plus large sur le court dégagé et vous renverrez la balle d'un coup droit. Vous devez toujours modifier votre jeu de façon à désamorcer la stratégie de votre adversaire. Si ce dernier frappe un retour le long de la ligne (2), vous pouvez encore frapper un coup droit croisé gagnant (3).

ci-dessus à droite Une section à l'extérieur de la zone cible du côté de votre adversaire délimitée par une corde.

EXERCICE

Commencez l'exercice par un échange de balles amical à partir de la ligne de fond. Entendez-vous dès le départ sur le fait que l'un de vous deux tentera des coups droits croisés en direction du revers de l'autre. Poursuivez cet échange amical afin de vous habituer à la situation. Après quelques échanges, l'un de vous peut essayer de modifier la direction de la balle en la retournant vers le côté opposé et vous pouvez jouer le point. Vous pouvez marquer les points pour accroître la pression et vous pouvez inverser les rôles après chaque jeu. À l'aide d'une corde, délimitez une zone cible que vous modifierez en fonction de votre adresse.

STRATÉGIE DE SIMPLE « GRAVES ENNUIS »

Lorsqu'on joue une partie de simple, il est très difficile de marquer des points à partir de la ligne de fond, à moins de maîtriser des coups au sol d'une puissance et d'une précision remarquables. En conséquence, il faut de temps en temps monter au filet pour y gagner le jeu. Cependant, à l'occasion d'un simple, si l'on monte au filet sans choisir prudemment son moment, l'adversaire peut plus facilement frapper la balle derrière nous ou par-dessus notre tête. Bien entendu, le meilleur moment pour monter au filet est lorsque l'adversaire frappe une balle courte de notre côté du

terrain ou encore lorsqu'il est dans le pétrin, c.-à-d. lorsqu'il court ou qu'il recule en vue de frapper un retour. Très souvent, ce retour se traduira par une balle courte de votre côté du court. Si vous pouvez vite déterminer que votre adversaire a de graves ennuis, vous pourrez vous avancer en douce pour être en bonne position pour exécuter une volée imparable ou un coup au sol gagnant. Souvent vous surprendrez ainsi votre adversaire. Il ne vous aura pas vu vous déplacer alors qu'il tentait d'intercepter la balle profonde dans sa direction. En vous avançant de la sorte, vous pourrez assurément

ci-dessous **On marque rarement un point gagnant lorsqu'on joue un coup droit de la ligne de fond, à moins de vite monter au filet par la suite.**

frapper la balle dans un dégagement, car l'adversaire ne sera pas revenu du coin.

Pour que cette stratégie soit gagnante, vous devez savoir sur-le-champ que vous venez de frapper une balle que votre adversaire aura du mal à intercepter et vous déplacer sans plus tarder. Aussitôt que vous frappez un coup qui, estimez-vous, enverra la balle à proximité de la ligne, ou dont vous croyez qu'il s'agira d'une balle longue, plutôt que de croiser les doigts en espérant, déplacez-vous en direction du filet. Votre adversaire croira lui aussi que la balle ira dans cette direction et ne retournera pas le coup aussi bien qu'il le pourrait. Très souvent, son retour sera faible. Si vous êtes monté au filet, vous serez en mesure de viser une balle courte et de marquer un point.

EXERCICE

Commencez l'échange de balles à la ligne de fond par un coup avec rebond. Les deux joueurs doivent s'efforcer de dégager de profonds coups au sol, avec effet accéléré si faire se peut, à l'intérieur de 0,5 à 1 m (2 à 3 pi) de la ligne de fond. À l'aide d'une corde ou d'une craie, délimitez ces zones à l'intérieur des lignes de base (voir le schéma ci-contre). Afin de vous habituer à voir si votre balle va atterrir à proximité de la ligne de fond, votre partenaire ou vous-même pourriez lancer : « À l'intérieur ! » si la balle atterrit entre la corde et la ligne de fond, « À l'extérieur ! » si elle atterrit au-delà de la ligne de fond et « Manqué ! » (ou rien du tout) si la balle se trouve sur le terrain mais pas assez profondément. Devinez l'endroit où la balle atterrira au moment où vous la frappez. Vous apprendrez ainsi à distinguer les balles suffisamment profondes en présence desquelles vous monterez au filet sans tarder. N'oubliez pas que la faiblesse de l'adversaire est en général son côté du revers.

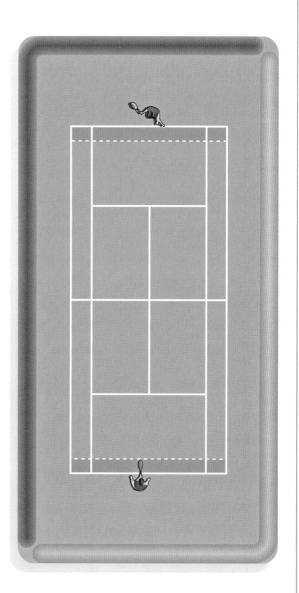

ci-dessus À l'aide d'une corde, délimitez une zone cible en profondeur. Ainsi, vous pourrez mieux identifier les occasions favorables de monter au filet.

✪ VARIANTE ✪

En cours d'exercice, notez les points comme suit : un point par balle qui atterrit dans la zone au cours de l'échange et un point pour qui remporte l'échange. Toutefois, si votre balle atterrit en zone profonde et que vous êtes monté au filet sans plus attendre, vous avez droit à trois points si vous remportez l'échange à partir de cette position. Tentez une amortie de temps en temps, sinon votre adversaire se relaxera en retournant des coups bouclés loin derrière la ligne de fond.

MISE EN SITUATION DE DOUBLE AU POTEAU DE FILET

À titre d'instructeur de tennis, je dois souvent convaincre les amateurs du bien-fondé de la montée au filet. Cela est particulièrement vrai dans les parties de double.

Les joueurs de double de calibre supérieur se retrouvent dans une zone propice à une volée presque aussitôt qu'ils sont dans le jeu. Ils y parviennent après le service ou le retour de service. Lorsque les deux joueurs se trouvent au filet en bonne position, leurs adversaires ont beaucoup de difficulté à frapper la balle entre eux ou à côté de l'un des joueurs au filet. D'où le dilemme, car les joueurs amateurs diront : « Ils vont frapper au-dessus de ma tête. » C'est précisément ce qu'espérera un joueur de niveau avancé. Un tel joueur aura l'adresse nécessaire pour finir le jeu par un smash bien exécuté. Trop de joueurs, par contre, ne tenteront pas un lob. Ils chercheront à glisser la balle entre les joueurs au filet. Voilà où une volée bien élaborée trouve son importance. Lorsqu'on exécute une volée en bonne position à proximité du filet et en fonction d'un point de contact supérieur à la hauteur du filet, on peut l'envoyer pratiquement n'importe où en terrain adverse en vue de mettre fin au jeu.

Si la balle retourne à la ligne de fond où votre partenaire la renverra, vous devriez retourner en direction de la zone de la ligne de service afin de protéger le centre du court, où votre adversaire pourrait tenter une volée en retour (voir le schéma ci-dessous). Cette position est dite « sur la sellette » ; elle est très difficile à jouer, même lorsqu'on se trouve à l'endroit indiqué.

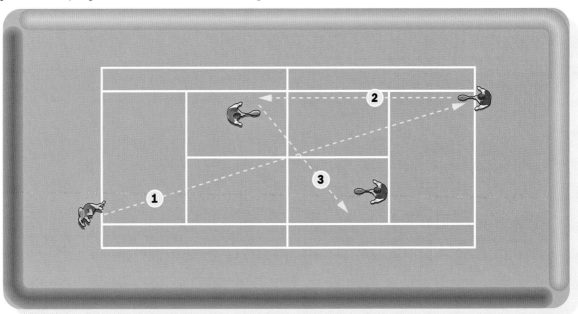

ci-dessus Lorsqu'on joue une partie de double, les positions au filet sont primordiales.

EXERCICE

Amorcez l'exercice par un service et un retour de service amicaux afin que les deux joueurs opposés devant le filet s'exercent à avancer et à reculer au moment opportun. Vous devez vous déplacer et être prêt lorsque votre partenaire frappera la balle. Sautez en position d'attente juste avant que votre adversaire n'établisse le contact avec la balle. Vous disposez de très peu de temps, tout juste assez pour faire un pas devant ou derrière, mais ce pas est très important. Ainsi, vos pieds bougeront sans cesse et vous serez plus énergique au filet. Après quelques échanges de balles entre les joueurs à la ligne de fond, l'un d'eux doit l'envoyer en direction du joueur au filet afin de déterminer s'il se trouve à la bonne position pour tirer le meilleur parti de la balle.

Lorsque vous tentez d'établir votre position au filet, vous auriez intérêt à vous placer à mi-chemin entre le filet et la ligne de service. À trop vous approcher du filet, vous donneriez à votre adversaire l'occasion de frapper la balle par-dessus votre tête et vous seriez susceptible de toucher le filet ou d'établir un contact irrégulier de l'autre côté du filet. Toutefois, quelques exceptions viennent nuancer cette règle : certains joueurs ne lobent jamais ou ne peuvent lober efficacement. Si l'un et l'autre sont vrais, vous feriez bien de vous rapprocher du filet car, de cet endroit, vous pourriez frapper un coup gagnant. Cependant, il n'est pas toujours indiqué de jouer entre la ligne de service et le filet. Si votre partenaire frappe un coup faible en direction d'un joueur adverse qui se trouve à proximité du filet, vraisemblablement vous n'aurez pas l'occasion de vous défendre contre cette balle si vous êtes trop près du filet. Soit elle passera très vite derrière vous, soit vous n'aurez pas le temps de réagir si elle vole directement vers vous. Pour bien jouer au filet et l'emporter, il faut se trouver au bon endroit au bon moment.

En règle générale, lorsque vous jouez en double au filet, il faut suivre la balle à la manière d'un aimant. Si elle part dans l'une ou l'autre direction, vous devez vous déplacer dans cette direction soit pour protéger le couloir, soit pour protéger une zone libre. Il importe tout autant, lorsque vous jouez au filet, de vous déplacer d'avant en arrière. Si vous vous trouvez près de la ligne de service lorsque votre partenaire frappe la balle, restez-y jusqu'à ce qu'elle passe à côté du joueur au filet adverse. Puis avancez rapidement afin de vous rapprocher du filet. Vous serez ainsi en meilleure position pour intercepter la balle du joueur de fond adverse. N'oubliez pas de sauter en position avant que votre adversaire frappe la balle.

MISE EN SITUATION DE DOUBLE « LOB CROISÉ »

À l'occasion d'une partie de double, la balle est souvent lobée par-dessus la tête du joueur au filet pour ensuite atterrir à proximité de la ligne de fond. Que d'amateurs j'ai entendu affirmer que, pour cette raison, les deux partenaires doivent s'abstenir de monter au filet ensemble ! En quelques occasions, ils peuvent avoir raison ; par exemple, lorsque aucun des deux n'est suffisamment rapide pour courir à la ligne de fond ou que leurs smashs ou leurs volées manquent de puissance.

Cependant, les joueurs de double de calibre supérieur montent au filet le plus vite possible car il s'agit du meilleur endroit à partir duquel frapper un coup gagnant, lequel s'avère souvent une volée en angle ou un smash par-dessus la tête. Si cette situation présente des difficultés pour vous, entraînez-vous à l'exercice suivant afin de les surmonter et d'améliorer votre performance à cet égard. Ainsi, vous aurez une meilleure connaissance de la topographie du terrain, de même que l'assurance nécessaire afin de faire progresser votre jeu.

1   **2**

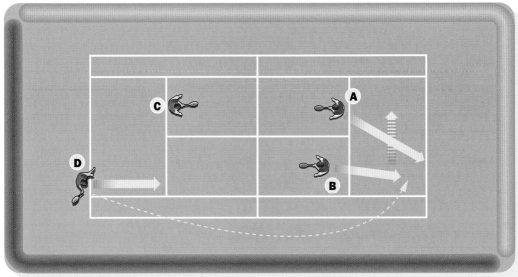

ci-dessus **Les joueurs A et B changent de côté si le lob pénètre profondément dans leur terrain. Les joueurs C et D retournent à la ligne de service dans l'attente d'un retour sur courte distance.**

à droite **La Suissesse Martina Hingis et sa coéquipière russe Anna Kournikova en présence d'une balle au centre du court.**

EXERCICE

Le joueur D commence l'exercice en envoyant un lob par-dessus la tête du joueur B (voir le schéma). Stratégiquement, le joueur B recule afin de retourner la balle. Au même moment, le joueur A court derrière le joueur B, au cas où celui-ci ne pourrait atteindre la balle. Le joueur B devrait lancer le plus tôt possible : « Je l'ai ! » ou « À toi ! » Si le joueur B cède la balle à son partenaire, alors ils doivent intervertir leurs positions sur le court. Les joueurs C et D doivent retourner à la ligne de service de leur côté du court et espérer un retour de balle sur courte distance. Toutefois, on retourne habituellement un lob (voir la séquence de photos ci-dessous). C'est pourquoi ils doivent se placer à la ligne de service. S'ils sont en présence d'un lob profond, ils peuvent facilement reculer pour l'intercepter et s'il s'agit d'un lob court ou d'un coup au sol, ils sont suffisamment près du filet pour aller à la rencontre de la balle et la retourner.

MISE EN SITUATION DE DOUBLE « SUR COURTE DISTANCE »

Voici une autre situation courante dans une partie de double, alors qu'un joueur se trouve au filet et l'autre à la ligne de fond, et que la balle frôle le filet pour atterrir entre votre partenaire et vous. Si vous êtes à proximité du filet et qu'une balle courte vole en direction du côté du court de votre partenaire, il n'aura probablement pas le temps de monter au filet pour la retourner. En conséquence, vous devrez passer de l'autre côté pour l'intercepter. Cependant, il n'est pas rare que les deux partenaires se précipitent sur la balle pour se rendre compte, chemin faisant, que ni l'un ni l'autre ne l'atteindra (voir ci-dessous).
Afin d'éviter une collision, les deux partenaires

doivent communiquer entre eux. D'ordinaire, le premier qui lance : « Je l'ai ! » doit retourner la balle. Par contre, on entend souvent deux partenaires lancer cette affirmation en même temps. Il s'ensuit habituellement que les deux interrompent leur course, que la balle poursuive sa lancée et qu'un point soit marqué. Il vaut donc mieux rester en mouvement même après que l'autre a lancé son avertissement. Cependant, lorsque les deux joueurs affirment tenir la balle, le coup devrait revenir à celui qui avance de la ligne de fond et ce, pour deux raisons. En premier lieu, il profitera de la propulsion vers l'avant pour retourner la balle. Il est beaucoup plus facile de renvoyer la balle au-dessus du filet en la frappant vers l'avant que d'un mouvement latéral. En second lieu, la raison pour laquelle le coup devrait revenir au joueur qui avance de la ligne de fond, c'est que le joueur au filet peut alors rester de son côté du court. Ici, la communication est essentielle.

EXERCICE
De chaque côté du filet, un joueur se place à l'avant-court et l'autre à l'arrière-court. L'un des joueurs à la ligne de fond lance une balle courte entre les deux partenaires. Votre partenaire et vous apprendrez ainsi à communiquer en présence d'une balle courte. Après quelques exercices d'entraînement, vous saurez tous deux à quoi vous attendre et vous n'aurez aucune difficulté à retourner une balle courte. Il est toujours plus facile de renvoyer une balle dont on connaît la trajectoire. Pour l'exercice, éloignez-vous suffisamment de l'endroit où la balle courte devrait atterrir afin de pouvoir communiquer entre vous et vous livrer aux échanges nécessaires. Après quelques jeux, augmentez ainsi le degré de difficulté : les deux joueurs à la ligne de fond commencent un échange de balles amical jusqu'à ce que l'un des joueurs tente une amortie. La surprise ainsi créée ajoutera au réalisme de la situation.

à droite Si le joueur au filet passe de l'autre côté du court et tente d'intercepter la balle, il laissera derrière lui un court sans défense. Son partenaire doit en prendre acte et se déplacer pour protéger la zone découverte en lançant : « Croisé ! »

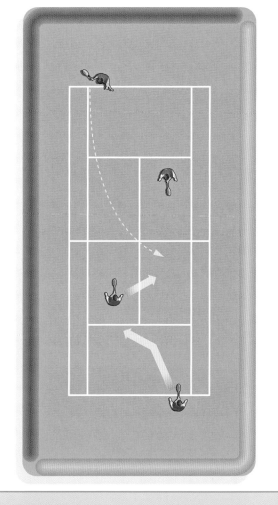

MISE EN SITUATION DE DOUBLE « ANGLES ET COULOIRS »

Lorsqu'un joueur envoie une balle en angle en direction d'un couloir, le court semble s'élargir pour les deux équipes. Dès lors, la balle peut être retournée de l'une ou l'autre des trois manières suivantes : le long de la ligne, au centre du court entre les deux joueurs, ou en croisé en direction du couloir opposé. Dans une partie de double, il est très difficile de frapper un coup de débordement lorsque les deux joueurs sont en bonne position au filet. Cela sous-entend que les deux joueurs doivent se déplacer rapidement en tandem vers le côté du court où se trouve la balle.

EXERCICE

Le joueur D lance l'exercice en envoyant des balles au joueur A qui se trouve au filet, lequel frappe ensuite une volée large en direction du couloir. À ce moment-là, tous les joueurs changent de position en fonction de la largeur de l'angle formé par le ballon alors qu'il touche le sol. Le joueur D cherche une zone découverte et tente son coup. Faites cet exercice afin d'améliorer votre position sur le court et d'empêcher l'adversaire de frapper des balles derrière vous. Vous dégagerez ainsi l'autre côté du court en vue d'une volée gagnante.

La priorité absolue consiste à protéger le couloir car, s'il est découvert, l'équipe adverse tentera un coup gagnant dans sa direction. Si le pied ou la raquette de l'adversaire franchit la ligne de simple, alors vous devriez prendre le couloir en vous déplaçant vers ce côté du court (voir ci-dessous).

REMARQUE DE L'ENTRAÎNEUR

« Le truc consiste à tenter d'obliger le joueur à la ligne de fond à frapper la balle alors qu'il se déplace. Il lancera alors une balle facile à intercepter. »

SCOTT BOROWIAK
Entraîneur professionnel
de l'USPTA
Stockton, Californie

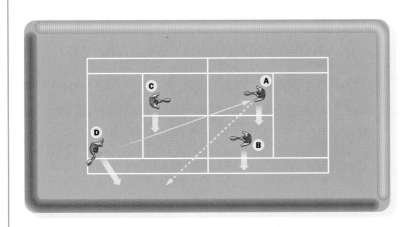

ci-dessus Si la balle est envoyée entre les deux joueurs au filet, il revient au joueur de retour en croisé (A) de protéger cet espace du court et son partenaire, le joueur B, pourra à sa discrétion choisir de capter la balle et de tenter un coup gagnant. Le coup le plus difficile à réussir pour le joueur D est de frapper la balle en croisé vers le couloir opposé alors qu'il est en mouvement et que ce coup est suffisamment bas pour faire une balle courte.

CHAPITRE CINQ

EXERCICES SOUS PRESSION

Nul n'ignore que l'exercice et l'entraînement sont essentiels si l'on souhaite améliorer sa performance sportive. Cependant, nombreux sont ceux qui s'entraînent sans créer un climat de pression autour d'eux. Il est trop facile d'afficher de l'assurance, de retourner la balle avec vigueur et vitesse, et de cibler les coins du court lorsqu'on échange des balles sans rien avoir à perdre. Il est étonnant de constater combien le jeu d'un individu se transforme dès qu'il participe à un vrai match.

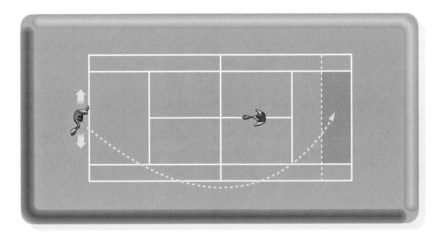

Lob profond (voir la page 114)

Il faut, au cours des séances d'entraînement, créer un climat de pression pour faire naître le sentiment de défaite ou de victoire. Si tel coup ou telle situation vous est défavorable, si vous manquez d'assurance par rapport à quelque élément du jeu, vous pouvez le pratiquer isolément au cours de l'entraînement. Grâce à l'entraînement et en tenant le compte des points au cours des exercices suivants, vous décortiquerez chacun des segments du jeu en vue de les maîtriser alors que vous jouerez sous pression. Le pire adversaire auquel vous vous opposerez en jouant sous pression sera vous-même. Souvent, ce sont les décisions pertinentes prises sur le vif et le sang-froid que l'on conserve malgré la pression extérieure qui déterminent l'issue du jeu. Au tennis, la préparation psychologique importe à tel point que nombre d'ouvrages ont été rédigés sur ce seul sujet. Sans ouvrir une boîte de Pandore, soulignons que les actions d'un joueur en piètre condition psychologique ne l'aideront pas. La marge est étroite entre comprendre comment mener un jeu énergique et maintenir son contrôle de la balle.

POSITIONS REPÈRES DE DOUBLE

Voici un exercice très populaire auprès des joueurs de double qui favorise des déplacements sur le court, une pression et une intensité à leur maximum. Il comporte des mises en situation et des coups de toutes les zones du court, ce qui en fait un bon exercice d'échauffement avant une partie de double. L'un des objectifs de l'exercice consiste à assurer la continuation du match. Pour cette raison, tous les joueurs devraient remplir leurs poches du plus grand nombre de balles possible. De plus, vous pourriez en prévoir quelques-unes de chaque côté du filet.

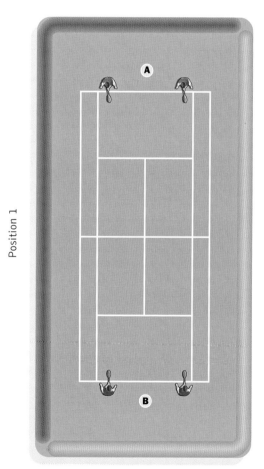

Position 1

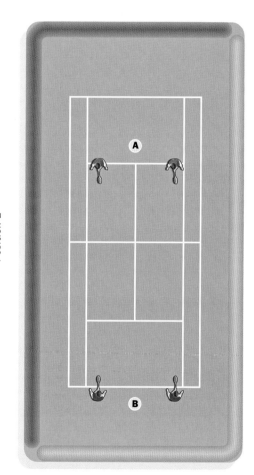

Position 2

EXERCICE

On distinguera trois zones du court, ou positions, où commencer chaque jeu. Ces trois positions se trouvent à la ligne de fond (1), à la ligne de service (2) et au filet (3, à la page ci-contre). En début de match, tous les joueurs se trouvent à la ligne de fond. L'une des équipes amorce le jeu en lançant des balles amicales en direction de l'un ou l'autre des joueurs de l'équipe adverse et le point est joué. Lorsque la balle est en jeu, les joueurs peuvent se déplacer partout sur le terrain.

Cependant, lorsque le point est terminé, les équipes doivent aussitôt reprendre leurs positions respectives avant de jouer le prochain point. L'équipe qui remporte le point à partir de la ligne de fond (l'équipe A) monte à la ligne de service et amorce le prochain point en lançant des balles amicales. De nouveau, le point est joué. Si l'équipe adverse (l'équipe B) remporte le point, elle monte à la ligne de service et envoie aussitôt des balles à l'équipe A, qui doit alors reculer d'une position à la ligne de fond et amorcer le prochain point. Si

REMARQUE DE L'ENTRAÎNEUR

« À défaut de jouer un nombre considérable de points, il existe très peu de manières d'enseigner aux joueurs à se déplacer correctement et à bien choisir leurs coups dans les parties de double. Cet exercice allie les deux et enseigne également quelques-uns des trucs utiles dans les parties de double qui, autrement, demeureraient l'apanage des grands spécialistes de ce genre de jeu. »

CHUCK KRIESE
Entraîneur-chef de l'équipe masculine, université de Clemson
Clemson, Caroline du Sud

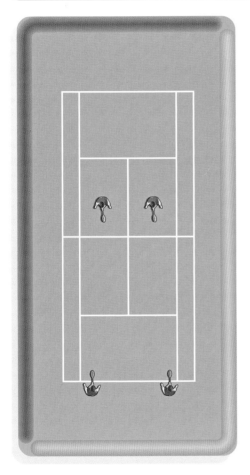

Position 3

Après avoir joué quelque temps à ce jeu, vous verrez que plusieurs positions sur le court exigent que l'on tente certains coups plutôt que d'autres ; par exemple si une équipe est au filet tandis que l'autre est à la ligne de fond, il faut généralement amorcer le point en tentant un lob. Ainsi, l'équipe au filet sera davantage stimulée pour remporter le point. Il appert très souvent que les deux équipes amorcent un point à la ligne de service. Vous constaterez qu'il vous faudra envoyer la balle en faible altitude aux pieds de vos adversaires et vous devrez réagir promptement aux mouvements de la balle. Ces situations courantes apportent une bonne dose de pression à ces exercices de double.

l'équipe B remporte encore ce point, elle avance à la dernière position sur le court, soit au filet (au centre du carré de service). De nouveau, elle lance aussitôt des balles à l'endroit des joueurs à la ligne de fond et le point est joué. Si l'équipe B mérite le point cette fois, elle remporte le jeu et on amorce un nouveau point alors que les deux équipes reprennent leur position de départ à la ligne de fond. N'oubliez pas de reprendre des balles après chaque point, de sorte que l'échange soit assuré de façon continue.

GRAND CHELEM

Pour cet exercice, deux joueurs amorcent un point d'un coup précis et jouent ensuite le point. Le smash par-dessus la tête de l'adversaire est l'un des coups les plus difficiles à exécuter sous pression. La raison principale en est le manque d'assurance et cette dernière naît de deux choses : l'entraînement et la détermination. Lorsque vous jouez au filet et que votre adversaire vous envoie un lob relativement facile à intercepter, vous devez vous dire aussitôt que vous en faites votre affaire et que vous lui renverrez la balle. Si vous en doutez, vous raterez votre coup ou vous frapperez la balle trop doucement. L'entraînement vous rendra plus sûr de vous car vous vous familiariserez avec la situation. Cependant, il importe de tenir le compte des points de cette séance d'entraînement afin de simuler la pression qui s'exercera sur vous au cours d'un match. Cet exercice vous fait pratiquer le smash par-dessus la tête de l'adversaire tout en vous donnant de l'assurance.

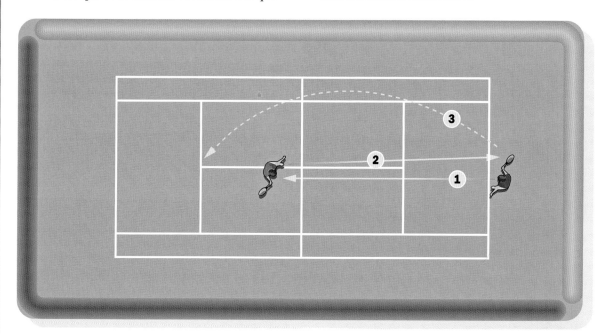

EXERCICE

Lancez l'exercice avec un joueur au filet et l'autre à la ligne de fond. Le joueur à la ligne de fond envoie la balle au joueur au filet qui lui renvoie une volée amicale. Ensuite, le joueur à la ligne de fond frappe un lob plutôt court et facile en direction du joueur au filet qui smashera la balle et amorcera le point. En facilitant les choses au joueur au filet pour qu'il puisse smasher la balle, on lui permet d'avoir plus d'assurance. On augmente la pression en tenant le compte des points. Le premier à accumuler dix points avec une marge de deux gagne le jeu. Si le joueur au filet accomplit bien sa tâche, il gagnera le jeu sans difficulté, ce qui décuplera son sentiment d'assurance. Les joueurs intervertissent les rôles après chaque jeu.

ci-dessus Le point débute au troisième coup de l'exercice, c.-à-d. le lob.

> ⭐ **VARIANTE** ⭐
>
> Vous pouvez varier cet exercice en envoyant le lob de départ un peu plus loin sur le court. Essayez de déterminer à quelle profondeur vous pouvez smasher la balle et réussir votre coup. Plusieurs joueurs éprouvent de la difficulté à smasher au-delà de la ligne de service.

▲ COUP DE MAÎTRE ▲

VARIANTE-SURPRISE DU LOB

Voici une autre variante où le joueur au filet effectue des volées amicales additionnelles. Les joueurs établissent ainsi un échange entre la ligne de fond et le filet jusqu'à ce que le joueur à la ligne de fond décide d'effectuer un lob par-dessus la tête du joueur au filet. Il s'agit d'un défi supplémentaire pour ce dernier car il ignore à quel moment l'autre lobera la balle. Comptez les points jusqu'à concurrence de dix et changez de rôle après chaque jeu.

La photo nous montre un joueur en train d'utiliser une technique de jeu avancée, dite le coup de ciseau, afin de retourner un smash. Cette technique permet au joueur de reculer et de sauter légèrement en arrière sur son pied dominant pour ensuite atterrir sur l'autre pied. Cependant, il faut l'agilité d'un athlète pour maîtriser cette technique.

PASSE DE CÔTÉ

Si vous souhaitez exercer une pression pendant un point, l'un des moments les plus indiqués pour ce faire survient juste après le coup d'approche d'un joueur qui se précipite au filet. Lors d'une partie de simple, il est habituellement préférable de frapper la balle derrière le joueur au filet en direction de l'une des lignes de côté. Vous aurez plus de facilité à exécuter un coup de débordement si vous vous y prenez le long de la ligne en direction du côté où vous courez. Il est beaucoup plus difficile de frapper la balle dans le sens opposé à celui où vous vous déplacez. Cependant, si vous parvenez vite à la

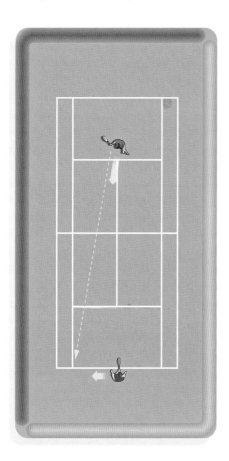

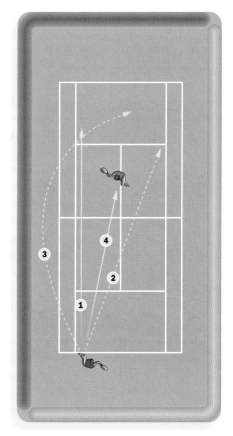

ci-dessus Le coup d'approche vise principalement à mettre l'adversaire dans l'embarras. Vous feriez bien de vous exercer à cette mise en situation de façon répétitive, tant du point de vue de celui qui exécute les coups d'approche que de celui du joueur qui se trouve à la ligne de fond. Ce dernier devra se maîtriser malgré une situation désespérée.

ci-dessus Afin de contourner le joueur au filet, vous devrez modifier l'angle de votre tir pour éloigner la balle de lui et frapper celle-ci pour qu'elle survole à peine le filet (2). Cela évitera à la balle d'ouvrir un grand angle par rapport à la ligne de côté. Voyez le texte au haut de la page pour connaître les quatre possibilités qui s'offrent en pareille situation, schématisées ci-dessus.

balle, vous profitez d'un avantage car vous pouvez alors choisir de la retourner d'un côté ou de l'autre de votre adversaire au filet. Votre première possibilité consiste à chercher un dégagement vers la ligne de côté tout près de vous. Si le joueur au filet s'est déplacé pour protéger ce dégagement, vous pourriez alors frapper la balle en croisé.

Si vous jouez au filet et que vous avez frappé la balle en direction d'une ligne de côté, vous devrez vous déplacer légèrement vers ce même côté afin de le protéger contre un coup de débordement le long de la ligne.

En troisième lieu, vous pourriez tenter un lob par-dessus la tête du joueur au filet. Il pourrait s'agir d'un choix judicieux si votre adversaire se presse au filet ou si son smash par-dessus la tête est quelconque. Normalement, il s'agit du coup le plus sûr à tenter quand on a perdu l'équilibre ou quand on court désespérément après la balle. La quatrième possibilité est souvent négligée. Essayez de frapper la balle pour qu'elle survole à peine le filet et qu'elle retombe en douceur aux pieds du joueur au filet. Souvent vous profiterez ainsi d'une balle facile à frapper parce que les volées basses ne sont pas expédiées avec assez de force ou selon l'angle indiqué pour être imparables (voir le schéma sur la page ci-contre).

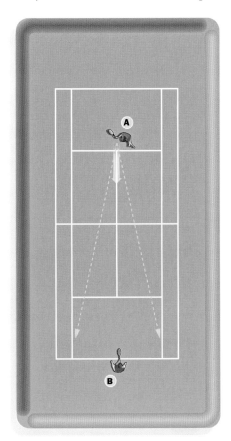

ci-dessus On peut commencer cet exercice de deux manières. Le joueur d'approche (A) pourrait lancer la balle dans un coin du court du côté du joueur à la ligne de fond et jouer ensuite le point.

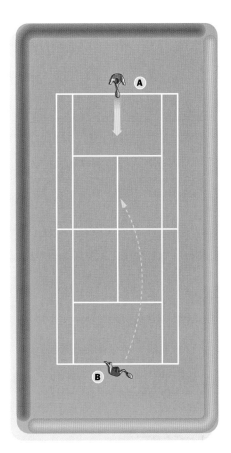

ci-dessus Ou encore, le joueur à la ligne de fond (B) frappe une balle courte de l'autre côté du court afin que le joueur A avance pour exécuter un coup d'approche, après quoi ils jouent le point. Marquez les points d'une manche et inversez les rôles après chaque jeu.

LOB PROFOND

On pourrait croire qu'un lob est facile à exécuter mais le nombre de joueurs amateurs à qui il donne du fil à retordre est étonnant. Il faut non seulement s'exercer aux gestes propres à ce coup, mais également aux lobs en profondeur et sous pression. Si vos lobs sont trop bas ou trop courts, un bon adversaire profitera de la situation et smashera sans peine la balle.

ci-dessous **Cette mise en situation vous permettra d'exécuter divers types de lobs et de prendre de l'assurance en les faisant.**

EXERCICE

Un joueur au filet lance des balles profondes dans l'un des coins du côté opposé du court. Le joueur à la ligne de fond tente un lob en reculant légèrement de côté. Du côté du court où se trouve le joueur au filet, disposez une corde au sol à mi-chemin entre la ligne de service et la ligne de fond (voir le schéma). Le but de l'exercice consiste à lober la balle en profondeur pour qu'elle atteigne la zone formée par la corde et la ligne de fond. On intensifie la pression alors que le joueur au filet smashe la balle si elle est trop courte, après quoi il poursuit en jouant le point. Étant donné que le joueur au filet sait d'avance que la balle sera

corde

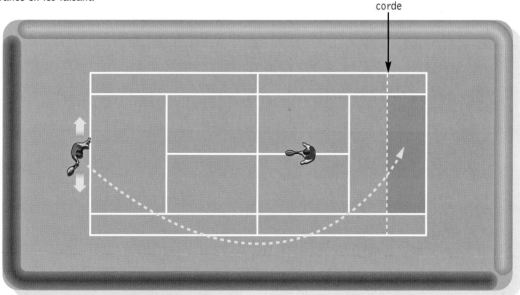

REMARQUE DE L'ENTRAÎNEUR

« Le lob est un coup essentiel pour la bonne raison que le smash par-dessus la tête donne de la difficulté à la majorité des joueurs. Souvent les joueurs se crispent dans une situation stressante, par exemple lorsqu'ils doivent faire un lob par-dessus la tête du joueur au filet. Cet exercice vous habituera à la situation, de sorte que vous serez plus relax lorsque vous devrez lober la balle. »

PATRICK GILLANT
Fédération française de tennis
Paris, France

lobée, il ne peut retourner derrière la ligne de service pour la smasher. Ainsi, le joueur à la ligne de fond a plus de chances de frapper des lobs profonds. Si la balle atterrit en zone profonde, un point est accordé au joueur qui l'a lobée. Si elle atterrit entre la ligne de service et la corde, aucun point n'est accordé. Si elle tombe devant la ligne de service, le joueur au filet tente un smash sans poser le pied au-delà de la ligne de service. Ils continuent à jouer le point, alors que le joueur à la ligne de fond tente encore d'effectuer un lob profond. Notez les points jusqu'à dix ; le gagnant doit avoir deux points d'avance. Ensuite, inversez les positions pour la prochaine partie. Le joueur au filet peut changer le degré de difficulté dès son lancer initial en direction de la ligne de fond.

L'HOMME INVISIBLE

J'ai présenté cette mise en situation à l'une de mes élèves lors d'une leçon particulière. Nous travaillions la technique du service. À mesure qu'elle fut capable d'imprimer un effet rotatif à la balle à chaque service, elle n'en rata pas un. Elle me confia n'avoir jamais eu de problème à servir au cours d'une séance d'entraînement, puis elle me demanda : « Pourquoi est-ce que je fais tant de doubles fautes ? » La pression extérieure ? Peut-être. Étant donné qu'il s'agissait d'une leçon particulière, il ne se trouvait aucun adversaire pour ajouter à la tension créée par la situation. Il s'avéra qu'un adversaire n'était pas nécessaire. Je lui ai demandé d'imaginer un adversaire prêt à effectuer un retour de service et de tenir le compte des points d'un jeu imaginaire en exécutant un premier et un deuxième retour comme on le fait au cours d'un match, et de changer de côté après chaque point. Si l'un ou l'autre des services atterrissait sur le bon carré de service, elle gagnait le point. Facile, non ? Cependant, si elle faisait une double faute durant la partie, elle la perdait. Elle joua alors une manche imaginaire qu'elle perdit 6 à 0. À l'évidence, elle ne servait pas la balle comme elle en avait l'habitude pendant l'entraînement. Elle n'avait rien à perdre et semblait très décontractée au cours de l'entraînement. Pourtant, même sans réel adversaire, elle s'était convaincue qu'elle commettrait des doubles fautes. Elle était sa pire ennemie.

Après qu'elle se fut habituée à la situation, elle fit une autre constatation. Elle se rendit compte que nul ne jouait contre elle et qu'elle réagissait simplement à la pression que j'avais exercée en lui signalant qu'elle perdrait à défaut de réussir son service. Elle en vint à croire que la pression fait suite à un choc et que, en jouant quelque temps sous pression et en se familiarisant avec la situation, il est possible de surmonter la crainte de perdre ou de réussir. Essayez vous aussi et voyez si vous parvenez au même résultat.

à gauche **Force d'âme et concentration s'unissent chez l'Étatsunienne Venus Williams, championne en simple lors du tournoi féminin de Wimbledon en 2000 et médaillée d'or olympique.**

CHAPITRE SIX

JEUX DE PIEDS

Grâce au récent développement technologique en matière de fabrication de raquettes, un nombre croissant de joueurs est en mesure d'imprimer à la balle des effets et des accélérations très pointus. Si la technologie a contribué à accélérer le jeu au niveau amateur, les raquettes des professionnels sont plus imposantes et plus solides que jamais. Afin de s'adapter au calibre de plus en plus élevé du niveau professionnel, les meilleurs joueurs doivent prévoir à leur horaire chargé des séances de conditionnement physique axé sur la force musculaire.

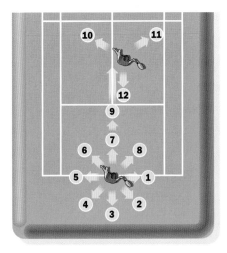

Allègements et saut à cloche-pied (voir la page 126)

La plupart des joueurs professionnels qui parcourent le circuit international embauchent des entraîneurs qui élaborent à leur intention les exercices préparatoires suivants et les intègrent à leur programme d'entraînement. De nouveau, il s'agit d'une pratique si répandue parmi les joueurs que des tas d'ouvrages ont été rédigés sur le sujet, qui dépasse largement le propos de ce livre. Pour ma part, je tiens seulement à souligner l'importance d'un programme d'entraînement physique afin d'accroître le niveau de jeu de quiconque pratique le tennis.

Les exercices suivants sont axés sur la technique des jeux de pieds et sur l'amélioration de la rapidité des réflexes.

ENTRAÎNEMENT ÉLÉMENTAIRE

Le jeu de pieds est l'élément décisif au tennis. Afin de bien frapper la balle, il faut adopter une posture équilibrée à partir de laquelle on peut amorcer un élan préparatoire et établir le contact avec la balle exactement à l'endroit de son choix, par rapport à la position de son corps. Il existe quelques mouvements élémentaires auxquels vous exercer afin d'accroître votre mobilité devant des balles courtes. À la ligne de fond, la plupart des balles frappées dans votre direction parviendront à environ 3 m (10 pi) de votre position de départ. Ces mouvements élémentaires vous permettront de capter la balle plus rapidement et de conserver un bon équilibre tout au long du point. Soulignons que, dans cet exercice, le jeu de pieds est utile seulement lorsque vous êtes à la ligne de

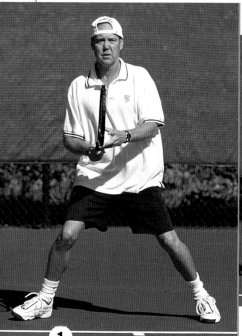  

Être en position de départ à la ligne de fond signifie que l'on est prêt à l'action sur le plan physique et psychologique. Vous devez être conscient du moment exact où votre adversaire établira le contact avec la balle. Si vous vous tenez sur les talons au moment où il touche la balle, vous n'êtes pas en position de départ. Vous devez sauter en position, faire des allègements ou sauter à cloche-pied pour vous trouver sur la pointe des pieds et délier vos jambes.

En observant des joueurs professionnels, vous constaterez qu'ils sautent en position l'instant avant que l'adversaire ne touche la balle. Cela est particulièrement évident pour les retours de service.

Ce bond permet de fléchir les genoux au moment même où il faut décider de se déplacer en direction de la balle.

On épargne ainsi un temps précieux en tentant de s'approcher de la balle rapidement tout en conservant son équilibre et en préparant la propulsion avant en vue de l'élan. En étudiant bien les photos ci-dessus, vous verrez que la flexion des genoux permet de déplacer d'abord le pied intérieur. Il s'agit du pied droit chez un joueur droitier qui se déplace du côté du coup droit (1). Dans ce cas, la jambe gauche contrôle la distance à parcourir pour atteindre la balle en exerçant une poussée du pied (2). Cette poussée du pied extérieur est générée par la flexion du genou, pareillement à un mécanisme à ressort, et met en place une dynamique dans la direction de la balle. Sur les deux photos suivantes (3 et 4), on aperçoit le pied gauche qui se déplace vers la droite ; le dernier pas est celui du pied droit qui se met en place en vue d'amorcer l'élan (5 et 6).

fond et que la balle se trouve à courte distance de vous. Chacun a sa propre limite quant à l'étendue de son déplacement grâce à ce jeu de pieds. Il faudra un pas croisé et un sprint pour cueillir toute balle qui se déplacerait en dehors de cette limite oscillant entre 3 et 3,5 m (10 et 12 pi).

Vous pouvez vous exercer aux jeux de pieds élémentaires dans votre salon. À force de répéti-tion, vous vous forgerez des réflexes et vous n'aurez plus à songer à vos pieds. Plutôt, vous vous trouverez en meilleure position pour frapper la balle et vous pourrez réfléchir davantage à votre stratégie.

Dans l'ensemble, le pied droit se déplace à deux reprises et le gauche, une seule fois. Si ce jeu de pieds ne vous permet pas de vous approcher suffisamment de la balle, c'est que vous avez atteint la limite à l'intérieur de laquelle vous pouvez y recourir. Toutefois, si vous pouvez vous limiter à ces quelques pas de côté et que la balle est suffisamment près de vous, vous serez en mesure de frapper rapidement presque toutes les balles et vos pieds seront en position pour que vous amorciez un bon élan préparatoire. Si vous vous exercez à prendre la position de coups avant que la balle n'arrive vers vous, vous acquerrez une bonne habitude qui vous accordera une seconde supplémentaire pendant laquelle vous pourrez régler votre jeu de pieds, le cas échéant. Il faut parfois modifier la position de ses pieds au dernier instant si l'on a mal évalué la trajectoire de la balle en raison de son effet ou du vent. Quoi qu'il en soit, il vaut toujours mieux être fin prêt à cueillir la balle avant qu'elle n'arrive et être au plus tôt prêt à amorcer l'élan.

Lorsque vous êtes en bonne position pour frapper la balle, vous pouvez avancer d'un pas pour la frapper comme on le voit sur les photos 6 et 7 ou simplement tourner le torse pour la propulser d'un élan giratoire. Cette seconde possibilité est désignée sous l'appellation de « position du corps ouverte », laquelle permet de frapper la balle sans avancer d'un pas, ce qui vous épargne ainsi une fraction de seconde dont vous ne disposerez peut-être pas en présence d'un adversaire qui frappe fort. De nos jours, la plupart des joueurs de haut calibre retournent la balle à partir d'une position du corps ouverte ; cela leur évite de prendre une position de coups et abrège le temps de récupération.

PAS DE REVERS AU SOL

La séquence ci-dessus illustre le jeu de pieds élémentaire sur le côté du revers (voir les pages 118 et 119).

PAS DE CONTOURNEMENT

La séquence de photos ci-dessus montre un joueur qui effectue les pas de contournement. De son pied droit, le joueur droitier exerce une pression vers l'arrière, alors qu'il fait glisser son pied gauche afin de prendre une bonne position de coups. Vous pouvez effectuer d'autres modifications, si vous en avez le temps. Ici, le jeu de pieds a pour objet d'éloigner votre corps de la balle, pour

PAS DE REPLACEMENT

Il est aussi important de réintégrer la position de départ que d'aller au-devant de la balle. Vous devez vite vous replacer en vue de la prochaine balle. Le jeu de pieds illustré ci-dessus s'appelle « pas de replacement » et permet de réintégrer la position de départ, derrière la ligne de fond, pour

4 **5** **6**

5 **6** **7** **8**

ensuite le tourner sur la balle alors que vous amorcez l'élan et le geste d'accompagnement. On emploie une autre variante de ce jeu de pieds lorsque la balle vient directement vers soi. Cette balle peut sembler facile à cueillir. Toutefois, vous devrez rapidement vous placer, de sorte que l'élan puisse préparer une propulsion vers l'avant. Il est difficile de modifier la dynamique entre le premier pas vers l'arrière et l'élan vers l'avant.

4 **5** **6**

faire face à l'adversaire. Ainsi, vous pouvez vite changer de direction si votre adversaire frappe encore la balle du même côté. La même logique vaut pour le côté du coup droit et celui du revers.

EXERCICE DE SAMPRAS

Il y a quelques années de cela, j'ai eu le plaisir d'assister à un séminaire d'une journée au cours duquel Stan Smith, une légende du tennis, fit une présentation, de même que l'un des meilleurs entraîneurs sur le circuit, Pat Etcheberry. Il nous entretint des programmes et séances d'entraînement qu'il destinait aux meilleurs joueurs de la ligne professionnelle, notamment Jim Courier et Pete Sampras.

J'ai constaté, non sans intérêt, qu'il s'efforçait de toujours inclure un élément amusant dans les séances d'entraînement qu'il élaborait. Chacun se donne plus à fond aux exercices et à la mise en forme lorsqu'ils deviennent une source d'agrément et de plaisir, et le tennis n'échappe pas à cette règle.

Voici un excellent exercice qui contribue à donner de la force à la balle. Au cours d'un jeu, le pas le plus important que vous effectuerez en direction de la balle, sous l'angle de la rapidité s'entend, sera toujours le premier. Cela, à condition que vous ayez d'abord sauté à cloche-pied et que vous vous trouviez sur la pointe des pieds au moment où votre adversaire touche la balle.

L'un des exercices dont Pat nous a parlé, qui consiste simplement à toucher en alternance les lignes du carré de service, était celui de Pete Sampras. Le joueur muni d'une raquette se trouve au centre du carré de service. Il faut un chronomètre ou une montre afin de chrono-métrer la durée de l'exercice qui est de 30 secondes. Le joueur exécute des allers et retours latéraux à l'intérieur du carré de service pour toucher la ligne de simple et ensuite la ligne médiane de service. Il lui est interdit de faire passer la raquette dans son autre main et d'effectuer une quelconque rotation. L'exercice vise à fortifier les quadriceps en vue d'acquérir de la rapidité pour le pas côte à côte souvent exécuté à la ligne de fond. Notez la performance du joueur en comptant le nombre de fois qu'il touche une ligne en l'espace de 30 secondes. On a fixé la durée à 30 secondes en raison de la similitude entre le temps nécessaire pour jouer un point et le temps entre les points. Toutefois, vous pourriez modifier cet intervalle à votre gré. À l'échelon amateur, un point dure en moyenne dix secondes. Cet exercice vous permettra d'acquérir de l'endurance si vous l'intégrez à votre entraînement courant.

CORDE RAIDE

Pour faire cet exercice, vous aurez besoin d'une corde d'une longueur minimale de 2 m (6 pi). Nouez l'une de ses extrémités au filet ou à la clôture à quelque 10 à 15 cm (4 à 6 po) du sol. Voyez si votre marque s'améliore en l'espace de quelques semaines. Vous constaterez, le cas échéant, que la rapidité de vos mouvements s'est multipliée et la chose sera apparente sur le court.

1　**2**　**3**

EXERCICE

Demandez à votre partenaire de tenir l'autre extrémité de la corde à la même hauteur que celle qui est nouée. Il aura besoin d'une montre afin de chronométrer les 20 secondes que dure l'exercice. Lorsqu'il lance : « Vas-y ! », vous commencez à sauter à pieds joints d'un côté et de l'autre de la corde. Essayez de sauter le plus rapidement possible sans perdre l'équilibre. Comptez le nombre de fois où vous touchez le sol de chaque côté de la corde et notez votre marque. Inversez les rôles et refaites l'exercice aussi souvent qu'il vous plaira.

à droite Les déplacements du champion étatsunien André Agassi démontrent une rapidité qui n'a d'égale que son agilité.

COURSE À OBSTACLES

Cet exercice associe divers jeux de pieds en vue de favoriser l'acquisition de la rapidité et de la force. Il vous permettra de maintenir un bon équilibre alors que vous tenterez de modifier les mouvements de vos jeux de pieds. Il faut prévoir quelques accessoires pour tracer le parcours de la course à obstacles. Si vous n'en avez pas, vous trouverez une variante de cet exercice à la fin de la présente section.

Afin de délimiter le parcours, il faudra entre six et huit cônes de repère que vous trouverez dans la plupart des magasins d'articles de sport et le même nombre de plaques de caoutchouc ou de plastique. Des petites serviettes ou de vieux napperons feront également l'affaire. Vous pourriez aussi les dessiner à la craie. Disposez les plaques à environ 60 cm (2 pi) de distance de chaque côté de la ligne de simple (voir ci-contre).

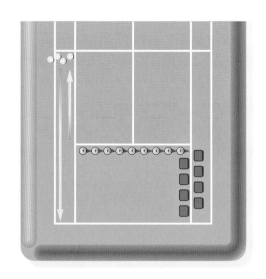

1

L'exercice débute à la ligne de fond, devant les plaques de caoutchouc. Les pieds joints, sautez en zigzag sur chacune des plaques jusqu'à l'autre extrémité.

2

Ensuite, vous sauterez droit devant vous par-dessus chacun des cônes en tentant de garder les pieds joints, jusqu'au couloir opposé.

Bien sûr, vous pouvez disposer les accessoires en fonction de votre habilité. Posez les cônes le long de la ligne de service. Espacez-les de quelque 60 à 90 cm (2 à 3 pi), de sorte que vous puissiez atterrir entre chacun. Le dernier segment du parcours comporte un sprint à partir du milieu du couloir en direction du filet, où vous prendrez une balle de tennis par terre avant de terminer la course en suivant le couloir jusqu'à la ligne de fond.

Votre partenaire, chrono en main, notera le temps qu'il vous faut pour faire le parcours. Vous pourriez ajouter au défi en comptant une seconde de plus à chaque obstacle que vous touchez ou renversez par inadvertance. Par la suite, ce sera au tour de votre partenaire de passer à l'action. La saine rivalité entre vous ajoutera à la compétition. Refaites le parcours aussi souvent qu'il vous plaira.

> ▲ **COUP DE MAÎTRE** ▲
>
> Si vous ne disposez pas des accessoires nécessaires pour dresser des obstacles sur le parcours, vous pouvez simuler les mouvements par des sauts en zigzag au-dessus de la ligne de côté pour ensuite faire des bonds en avant le long de la ligne de service. Il est déconseillé de remplacer les cônes par des balles de tennis car ce pourrait être dangereux.

1

Par la suite, sprintez en direction du filet, saisissez une balle de tennis par terre et revenez à votre point de départ.

2

Pour terminer, sprintez jusqu'à la ligne de fond, où votre partenaire notera votre temps d'exécution.

ALLÈGEMENTS ET SAUT À CLOCHE-PIED

L'importance des allègements et du saut à cloche-pied est telle qu'il faut leur faire une large place au cours des mises en situation. Cet exercice pour les pieds vous rappellera d'effectuer des allègements aux principaux moments d'un point. En vous concentrant ici sur l'exercice sans devoir frapper la balle, vous pourrez vous intéresser de près aux jeux de pieds indiqués lorsque vous vous déplacez en différentes directions vers la balle.

Lorsque vous aurez un meilleur jeu de pieds, votre partenaire pourra vous lancer des balles que vous retournerez dans différentes directions, le cas échéant. Vous auriez intérêt à maîtriser l'exercice élémentaire (voir la page 118) avant de vous essayer à celui-ci.

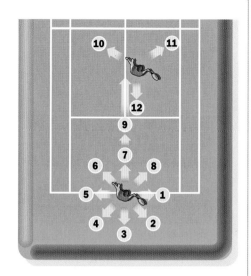

1
L'exercice débute à la ligne de fond, la joueuse tenant sa raquette au-dessus de la marque centrale (voir ci-dessus). Elle saute d'abord à cloche-pied avant d'exécuter un vif mouvement latéral vers la droite (1). Faites les pas de replacement présentés dans les exercices élémentaires.

2
Exécutez ces jeux de pieds alors que vous concluez chacune des directions numérotées par un élan imaginaire. Une fois l'élan complété, retournez à la position de départ en exécutant le pas de replacement et faites un saut à cloche-pied avant de vous rendre au deuxième emplacement, qui se trouve quelque peu derrière, du côté droit (2).

▲ COUP DE MAÎTRE ▲

On n'a pas le temps de songer à ses jeux de pieds lorsqu'on est dans le feu de l'action. Ces modèles de jeux de pieds doivent devenir des réflexes dans chaque situation. À mesure que vous vous familiariserez avec chacun d'eux, demandez à votre partenaire de vous lancer la balle par en dessous, de l'autre côté du filet, à chacun des emplacements prévus. L'exercice prendra du coup une allure plus réaliste.

3 **4** **5** **6**

Cheminez au fil des huit emplacements (3 à 6) et revenez à la position de départ en insistant sur le saut à cloche-pied chaque fois que vous revenez à la ligne de fond. Souvenez-vous que tous les mouvements des huit premiers emplacements sont en fonction de balles qui se trouveraient dans un rayon oscillant entre 1,2 et 3,6 m (4 à 12 pi) de vous. Il s'agit des mouvements que vous exécuterez le plus souvent au cours d'un point. Lorsque vous aurez terminé au huitième emplacement et que vous retournerez à la position de départ, simulez le jeu de pieds que vous avez exécuté pour vous rendre à la ligne de service.

9 **10** **11** **12**

Il s'agit d'un schème caractéristique lorsqu'on frappe un coup d'approche. Alors que vous vous approchez du neuvième emplacement, effectuez les pas nécessaires en vue d'un coup d'approche (9), complétez l'élan et rendez-vous au prochain emplacement à l'intérieur de la ligne de service.
Aux emplacements 10 et 11, vous exécuterez des volées imaginaires en effectuant le pas croisé nécessaire pour réussir le coup (10). N'oubliez pas de sauter à cloche-pied avant de retourner à la position de départ au filet (11).

Le dernier jeu de pieds comporte un mouvement de recul, comme si l'adversaire avait frappé un lob par-dessus votre tête. Tournez-vous sur-le-champ, faites un pas de côté vers l'arrière en direction de la ligne de service et terminez l'exercice par un smash imaginaire (12).
Cet exercice, pratiqué de façon régulière, vous sensibilisera davantage aux jeux de pieds, d'autant plus qu'il comporte les schémas les plus fréquents durant un point. Il vous rappellera l'importance du saut à cloche-pied et des allègements après chacun des coups.

INDEX